NORDFRIISK
INSTITUUT

Sylter Genealogien
Band 5

Die Sylter Familien Thomsen und Wögens und verwandte Geschlechter

Eine genealogische Aufstellung

Herausgegeben von
Wilhelm Borstelmann
Keitum/Sylt
bearbeitet in Gemeinschaft mit
Daniel Ihonor
Hamburg

VERLAG NORDFRIISK INSTITUUT, BRÄIST/BREDSTEDT, NF
2001

Die Deutsche Bibliothek – CIP-Einheitsaufnahme

Borstelmann, Wilhelm:
Die Sylter Familien Thomsen und Wögens und verwandte Geschlechter: eine genealogische Aufstellung / Wilhelm Borstelmann; Daniel Ihonor. Nordfriisk Instituut. – Bräist/Bredstedt, NF: Nordfriisk Inst., 2001
(Nordfriisk Instituut; Nr. 169)
ISBN 3-88007-292-2

Nr. 169

Gestaltung des Titelbildes: Waltraut Borstelmann
Herstellung: Books on Demand GmbH, Norderstedt

ISBN 3-88007-292-2

Inhalt

ZUM GELEIT

Mit diesem Buch setzt das Nordfriisk Instituut die Reihe *Sylter Genealogien* fort. Karl Schmidt legte bis 1981 vier Bände vor:

1. Aus der Geschichte des südöstlichsten Hauses von Morsum auf Sylt,
2. Die Herkunft der Thelma Matzen, geboren 09. 11. 1909 in Milwaukee,
3. Alt-Morsumer Geschlechter,
4. Sylter Geschlechter um und nach Lorenz Petersen de haan.

Nach langjährigen Vorarbeiten veröffentlichen im Band 5 der *Sylter Genealogien* nun Wilhelm Borstelmann und sein Neffe Daniel Ihonor ihre genealogische Aufstellung „Die Sylter Familien Thomsen und Wögens und verwandte Geschlechter". Dieses Buch ist nicht nur eine Fundgrube für Genealogen, für „Eingeweihte und Eingeborene". Auch die Lebensumstände vergangener Zeiten insbesondere auf der Insel Sylt werden deutlich. Jeder genealogische Eintrag steht für einen Lebensweg, läßt vergangenes Leben in all seiner Fülle, Faszination und auch in seinem Schrecken kurz aufleuchten. So erfährt man von Christian Buchholz aus Garding, der 1785 infolge einer grassierenden Seuche von der Landschaft Sylt als Arzt angenommen wurde, von Schwenn Hans Jensen, der von 1834 bis 1854 erst als Bürgermeister von Kiel fungierte und dann die Stellung eines Landvogtes auf Sylt bekleidete, von Matthias Buchholz, einem Ratmann zu Braderup, der sein Vermögen den Witwen und Waisen vermachte, oder vom Obersteuermann Hans Buchholz, der 1834 im englisch-französischen Kanal den Seemannstod fand.

Für Bewohner der nordfriesischen Geestinseln selbstverständlich zieht sich das Thema "Seefahrt" wie ein roter Faden durch die Generationen: Vom schon erwähnten Seemannsgrab spannt sich der Bogen über den Kreuzzollfahrer vor Sylt bis zum Beamten der Hafenpolizei in Hamburg, vom Heizer bei der Sylter Dampfschiffahrt-Gesellschaft über den Kapitän auf großer Fahrt bis zu dessen Hausdame. Ein anderer wichtiger Aspekt, der schon in Band 2 der *Sylter Genealogien* hervortrat, ist die Übersee-Auswanderung. Wenn auch dieser immense Menschenstrom auf Sylt nicht so intensiv ausgeprägt war wie zum Beispiel auf den Nachbarinseln Föhr und Amrum, so treffen wir doch auch hier den Farmer in Kalifornien und besonders auch den Kaufmann in Südamerika. Vertieft wird gerade dieser Blickwinkel durch die im Anhang befindliche "Reisebeschreibung von Ludwig Borstelmann" 1908 nach und durch Argentinien.

Insgesamt läßt sich auch dieses von Detailwissen und jahrelanger sorgfältigster Forschungsarbeit geprägte Werk am besten mit den Worten beschreiben, die Alwin Pflüger dem vierten Band der *Sylter Genealogien* zum Geleit gab: "... eine Liebeserklärung an das Sylt unserer Vorfahren".

Bräist/Bredstedt, NF, im Dezember 2001

Prof. Dr. Thomas Steensen
Direktor des *Nordfriisk Instituut*

Dr. Paul-Heinz Pauseback
Institutslektor

VORWORT

Die vorliegende Schrift faßt meine Forschungsergebnisse zur Genealogie der Sylter Familien Thomsen und Wögens, die ich bereits im Jahre 1999 in zwei gesonderten Schriften veröffentlicht habe[1], unter Berücksichtigung zahlreicher Ergänzungen und unter Beachtung aller seither hinzugewonnenen Erkenntnisse zusammen.

Im Herbst 1998 habe ich für den erweiterten Familienkreis erstmals die Genealogie der Sylter Nachkommen der Familie Wögens herausgegeben. Aus diesem alten Friesengeschlecht stammte meine Urgroßmutter Caroline Boy Nielsen, geb. Wögens (1831-1904, vgl. u. Wögens-Genealogie VI 2, S. 54). Die Schrift zur Wögens-Genealogie wurde mit großem Interesse aufgenommen (vgl. Sylter Nachrichten vom 24.10.1998, S. 11 und Jahresbericht 1998 der Söl'ring Foriining e.V., S. 36f.) und hat eine weite Verbreitung bis hin zu den entfernten Verwandten in Südafrika und Südamerika erfahren. Das große Interesse an der Wögens-Genealogie und der Umstand, daß ich nach der Erstveröffentlichung weitere Nachforschungen betreiben konnte und eine Vielzahl von Korrekturhinweisen, Ergänzungen sowie Verbesserungsvorschlägen erhielt, führten dazu, daß im Jahre 1999 eine zweite, überarbeitete und ergänzte Auflage dieser Genealogie erforderlich wurde. So hatte mich insbesondere Herr Dr. Erich Voß, Lübeck, auf seine Publikation „Frödde Frödden, Fürstlicher Landvogt der Landschaft Sylt von 1623 bis 1635 und seine Familie" hingewiesen (vgl. Nordfriesisches Jahrbuch, Band 29, 1993, S. 53ff.), der die neueren Erkenntnisse zur Genealogie der Familie Frödden zu entnehmen sind. Zu diesen neueren Erkenntnissen gehört die durch einen vor einigen Jahren aufgefundenen Erbvertrag vom 22. Dezember 1683 legitimierte Annahme, daß der Morsumer Kirchspielvogt Lorentz Mannis (1599-1657) mit an Sicherheit grenzender Wahrscheinlichkeit ein Schwiegersohn des in den Jahren 1623 bis 1635 amtierenden Sylter Landvogtes Frödde Frödden war. Für die Wögens-Genealogie waren diese weiteren Erkenntnisse insofern von Bedeutung, als der Kirchspielvogt Lorentz Mannis Stammvater der Familie Lornsen ist und mithin ein Vorfahr meines Urgroßvaters Jürgen Jens Nielsen (1830-1908), der 1862 Caroline Boy Wögens (1831-1904) geheiratet hat (vgl. u. Wögens-Genealogie VI 2 a.a.O. und Fußnote 65, S. 54).
Zur Familie Frödden und dem im September 1972 aus der Keitumer Kirche St. Severin gestohlenen Frödden-Epitaph sei an dieser Stelle auf die Arbeit von Otto Hinrich Bleicken, „Das Frödden-Epitaph und das Frödden-Geschlecht auf der Insel Sylt" (vgl. Die Heimat, Jg. 84, Neumünster 1977, S. 288ff.) hingewiesen.
Zu den nach der Fertigstellung der ersten Auflage der Wögens-Genealogie gewonnenen neuen Erkenntnissen gehörten weiterhin Angaben zu der genealogischen Verbindung zwischen der Familie Rhaneus und den Pastorenfamilien Boetius und Mauritius. Diese Angaben stellte mir Herr Harro Nötel, Norderstedt bei Hamburg, Bearbeiter der Geschlechterreihen von St. Johannis/Nieblum auf Föhr, dankenswerterweise zur Verfügung. Für die Wögens-Stammfolge sind diese weiteren Angaben insoweit von Interesse, als der Keitumer Pastor Joachim Rhaneus (1595-1675) und mithin die Familien Boetius und Mauritius zu den Vorfahren von Maren Wögens, geb. Rohde (1801-1878, vgl. u. Wögens-Genealogie VI, S. 53) gehören (Übersicht vgl. Jahresbericht 1998 der Söl'ring Foriining e.V., S. 37).

---

[1] Vgl. Borstelmann/Ihonor, Genealogie der Sylter Familie Thomsen aus Rodenäs – Eine genealogische Aufstellung unter Berücksichtigung der Töchternachkommen, Keitum 1999 und Borstelmann/Ihonor, Die Sylter Nachkommen der Familie Wögens – Eine genealogische Aufstellung unter Berücksichtigung der Töchternachkommen, 2. Auflage, Keitum 1999 (jeweils Privatdruck).

Weiterhin konnte mir Frau Wilma Blechenberg, Süddorf auf Amrum, umfangreiches Datenmaterial zu den Amrumer Nachkommen von Karen Johannsen, geb. Wögens (1803-1890, vgl. u. Wögens-Genealogie V 3, S. 50) zur Verfügung stellen.

Parallel zur Herausgabe der Zweitauflage der Wögens-Genealogie konnte ich im Jahre 1999 meine Forschungsergebnisse zur Genealogie der Familie Thomsen vorlegen. Diesem Geschlecht entstammte meine Mutter Sophie Severine Borstelmann, geb. Thomsen (1893-1986, vgl. u. Thomsen-Genealogie VI 7, S. 29). Auch diese Schrift hat eine gute Aufnahme gefunden und weite Verbreitung erfahren.

Seit 1999 haben sowohl hinsichtlich der Wögens-Genealogie als auch mit Blick auf die Familie Thomsen weitere Nachforschungen stattgefunden. Insbesondere konnte ich zahlreiche Informationen über die Nachfahren von Inge Nickels Wögens (1776-1841, vgl. u. Wögens-Genealogie IV 2, S. 35ff.), des zweiten Kindes des Landmessers Nickels Wögens (1745-1808), zusammentragen. Zur Nachkommenschaft von Inge Nickels Wögens, die im Rahmen der 1999 publizierten genealogischen Aufstellung zur Familie Wögens keine Berücksichtigung gefunden hat, gehört die auf Sylt weitverbreitete Familie Holst – die Gründerfamilie des 1905 begründeten und erst kürzlich erloschenen Wenningstedter Bauunternehmens „Gebrüder Holst" (vgl. u. Übersicht III, S. 36). Den zahlreichen Nachkommen der Familie Holst danke ich in diesem Zusammenhang für ihre freundliche Unterstützung.
Darüber hinaus erhielt ich erneut eine große Anzahl von Korrekturhinweisen und Ergänzungen. So machte mich Frau Wilma Blechenberg, Süddorf auf Amrum, auf die von Rudolf Möller verfaßte Zusammenstellung über „Die Pastoren der evangelisch-lutherischen Kirchengemeinde Keitum (Sylt) und ihre Familien" (vgl. Zeitschrift für Niederdeutsche Familienkunde, Heft 4/1991, S. 392ff.) aufmerksam, der ich entnehmen konnte, daß der Keitumer Pastor und Wögens-Vorfahr Joachim Rhaneus (1595-1675) im November 1595 in Plathe (Kreis Regenwalde) in Pommern geboren wurde (a.a.O. S. 394). Aus den mir bisher vorliegenden Quellen war lediglich hervorgegangen, daß Pastor Rhaneus aus Pommern stammte.
Zahlreiche Ergänzungen verdanke ich Herrn Jens Uwe Nissen, Ladelund, Vorsitzender der Arbeitsgruppe Genealogie des Nordfriisk Instituut zu Bredstedt, der für mich in den letzten Jahren ein stets hilfsbereiter Ansprechpartner in genealogischen Fragen gewesen ist. Schließlich konnten einige Lücken durch die freundliche Unterstützung von Frau Erika Nanz vom Standesamt Sylt zu Westerland geschlossen werden.

Aufgrund des umfangreichen neuen Datenmaterials und mit Blick auf die vielfältigen verwandtschaftlichen Verbindungen zwischen den im Rahmen der von mir 1999 herausgegebenen genealogischen Schriften behandelten Sylter Familien habe ich mich entschlossen, diese Sylter Genealogien unter Berücksichtigung aller neuen Erkenntnisse zu einer Schrift über die Sylter Familien Thomsen und Wögens und verwandter Geschlechter zusammenzufassen.

Als Anhang wird zum Abschluß dieser Schrift die argentinische Reisebeschreibung meines Vaters Ludwig Borstelmann (1888-1942) aus dem Jahre 1908 wiedergegeben.

Meinen besonderen Dank möchte ich Herrn Prof. Dr. Thomas Steensen und Herrn Dr. Paul-Heinz Pauseback vom Nordfriisk Instituut zu Bredstedt aussprechen, ohne deren tatkräftige Unterstützung es nicht zur Drucklegung dieser Schrift gekommen wäre.

Keitum auf Sylt, im Sommer 2001 *Wilhelm Borstelmann*

I. DIE SYLTER FAMILIE THOMSEN AUS RODENÄS

EINFÜHRUNG

Die Familie Thomsen hat ihre Ursprünge nicht auf der Insel Sylt, sondern auf dem nordfriesischen Festland. Hierin besteht eine Parallele zur Familie Wögens, deren Stammvater ebenfalls nicht auf Sylt ansässig war, sondern auf der Nachbarinsel Föhr. Ebenso wie der Sylter Zweig der Familie Wögens ist die Familie Thomsen im Mannesstamme erloschen. Mein Großvater Hans Christian Thomsen (1855-1936, vgl. VI, S. 27) war der letzte Namensträger seines Geschlechts, nachdem seine Söhne Wilhelm (* 1888, vgl. VI 4) und Jürgen (* 1889, vgl. VI 5) im Herbst des Jahres 1922 beim Bergen von Strandholz vor List auf See blieben. Gleichwohl gibt es zahlreiche Töchternachkommen, die in der nachfolgenden Genealogie Berücksichtigung gefunden haben, um die vielfältigen genealogischen Verbindungen innerhalb der Sylter Familien zu dokumentieren.

Wie eingangs erwähnt, stammte die Familie Thomsen vom nordfriesischen Festland. Stammvater ist Fedder Carstensen (vgl. I, S. 10), der um die Mitte des 17. Jahrhunderts in Hoddebüll Deich bei Emmelsbüll ansässig war, wo auch sein Sohn Andreas Feddersen (1666-1743, vgl. II, S. 10) und sein Enkel Thomas Andresen (1715-1757, vgl. III b, S. 11) das Licht der Welt erblickten. Thomas Andresens einziger überlebender Sohn war Söncke Thomsen (1756-1842, vgl. IV, S. 11), der zum Begründer der Familie Thomsen auf Sylt werden sollte, indem er sich im Jahre 1818 kurz nach dem Tode seiner Frau in Keitum ankaufte und mit seinen sechs noch lebenden Kindern von Wrewelsbüll bei Emmelsbüll nach Sylt übersiedelte. In einer Ausgabe der „Sylter Nachrichten“ aus den 1920er Jahren wird über seinen Sohn Hans Christian Thomsen (1804-1875, vgl. V b, S. 19) berichtet und wir erfahren, daß sich Söncke Thomsen auf Sylt ankaufte, um seine vier Söhne Jürgen (1796-1882, vgl. V a, S. 17), Thomas (1798-1866, vgl. IV 3, S. 11), Hans Christian und Andreas (* 1808, vgl. IV 6, S. 16) vom dänischen Militärdienst zu befreien. Die Inselbewohner waren nämlich durch eine Verordnung des Dänenkönigs Christian VI. vom 28. Januar 1735 auf ewige Zeiten „von allem Land- und Soldatendienst und allen dahin gehörigen Auflagen“ befreit (vgl. Christian Peter Hansen, Chronik der Friesischen Uthlande, 2. Auflage, Garding 1877, S. 182).

Anhand der genannten ersten Generationen des Thomsen-Geschlechts wird die Entwicklung von der patronymischen Namengebung zur Herausbildung von Geschlechtsnamen deutlich. Nach der patronymischen Namengebung, einem Relikt aus germanischer Zeit, erhielten alle Kinder den Vornamen des Vaters, verlängert um „sen“, als Nachnamen, wobei dieser Nachname nur ein zusätzliches Attribut zum Rufnamen darstellte, der überragende Bedeutung hatte. Die Folge dieser Regelung war, daß es von Generation zu Generation zum Namenswechsel kam. So hieß der bereits erwähnte Stammvater der Familie Thomsen z.B. Fedder Carstensen (vgl. I), dessen Sohn Andreas Feddersen (vgl. II) und dessen Söhne führten wiederum den Namen Andresen (vgl. III a, III b und III c).

Unter dem Einfluß des Kgl. dän. Geheimen Kabinettsministers Johann Friedrich Graf v. Struensee (1737-1772) erließ Dänenkönig Christian VII. am 15. November 1771 die „Verfügung wegen Einführung von Geschlechtsnamen im Herzogtum Schleswig“, die der historisch gewachsenen patronymischen Namengebung zumindest de iure ein Ende bereitete. Für die nachfolgende Stammfolge gilt der Geschlechtsname Thomsen ab der IV. Generation. Söncke Thomsen (1756-

1842, vgl. IV, S. 11) war also nicht nur Begründer der Familie Thomsen auf Sylt, sondern auch erster Träger des Geschlechtsnamens Thomsen.

Von den Söhnen dieses Söncke Thomsen hatten lediglich Jürgen (1796-1882, vgl. V a, S. 17) und Hans Christian (1804-1875, vgl. V b, S. 19) Nachkommen. Hans Christian Thomsen, der als einer der erfahrensten Sylter Wattenfischer des 19. Jahrhunderts galt, hatte aus zwei Ehen insgesamt acht Kinder, wobei wiederum lediglich sein gleichnamiger jüngster Sohn, mein Großvater Hans Christian Thomsen (1855-1936, vgl. VI, S. 27), Nachkommen hatte, die den Namen Thomsen trugen. Da seine einzigen beiden Söhne wie bereits erwähnt 1922 auf See blieben, ist die Familie 1936 mit ihm im Mannesstamme erloschen.

Neben umfangreichen Materialien und Dokumenten aus meinem Archiv – z.B. Abschriften aus den Kirchenbüchern der evangelisch-lutherischen Gemeinde Keitum – war für die Erstellung der nachfolgenden Stammfolge die freundliche Unterstützung durch die heute weitgehend auf Sylt und im norddeutschen Raum ansässigen zahlreichen Thomsen-Töchternachkommen, die bereitwillig Auskünfte gaben und Dokumente zur Verfügung stellten, eine große Hilfe. Ihnen allen sei an dieser Stelle gedankt. Des weiteren konnten zahlreiche Familiendaten im Kirchenbucharchiv der Gemeinde St. Niels zu Westerland, in den Kirchenbüchern der Gemeinde Morsum sowie auf den Familiengrabstätten zu Keitum, Morsum und Westerland ermittelt werden. Die Angaben zu den ersten, auf dem Festland ansässigen Generationen der Familie Thomsen sowie wesentliche Informationen zur Familie Tedsen konnten genealogischen Aufstellungen entnommen werden, die mir Herr Jens Uwe Nissen, Ladelund, Vorsitzender der Arbeitsgruppe Genealogie des Nordfriisk Instituuts zu Bredstedt, dankenswerterweise zur Verfügung stellte.

Ferner wurden folgende **QUELLEN** hinzugezogen:

Fink, Erich Petersen, Hauschronik der Familie Fink, Archsum, angefangen im Jahre 1894 (unveröffentlichtes, handschriftliches Manuskript, Privatbesitz)

Schmidt-Rodenäs, Karl, Alt-Morsumer Geschlechter, Eckernförde 1980

Schmidt-Rodenäs, Karl, Sylter Geschlechter um und nach Lorenz Petersen de haan, Bredstedt 1981

Voß, Erich und Erika, Die Stavenbesitzer und ihre Familien im alten Keitum (1709-1875), Lübeck 1987

Weitere Literatur- und Quellenhinweise sind im Text integriert.

ABKÜRZUNGEN UND ZEICHENERKLÄRUNGEN

* – geboren	oo – vermählt
~ – getauft	+ – gestorben

a.D. – außer Dienst

DGB – Deutsches Geschlechterbuch

ebd. – ebendort

err. – errechnet

GHdA – Genealogisches Handbuch des Adels

i.R. – im Ruhestand

o. – oben

s. – siehe

S. – Seite

S.v. – Sohn von

T.v. – Tochter von

u. – unten

u.d. – und der

vgl. – vergleiche

Haus Thomsen-Borstelmann zu Keitum auf Sylt (Kirchenweg 32)

– um 1900

– um 1935

Als erster Besitzer dieses Hauses wurde 1640 *Muchel Andresen*[2] *genannt. Dessen Nachkommen besaßen das Haus bis zum Jahre* 1799. *Sodann erwarb der aus Rodenäs nach Sylt übergesiedelte Zimmermann Paul Tedsen* (1735-1810) *das Haus. Durch Erbfolge unter den Nachkommen Paul Tedsens gelangte das Haus zunächst in den Besitz der Familie Thomsen und schließlich in den Besitz der Familie Borstelmann.*

[2] Dessen Schwiegersohn war der Keitumer Ratmann, Schiffer und Grönlandfahrer Schwenn Jürgens (1663-1724), ein Vorfahr von Sophie Severine Thomsen, geb. Nielsen (1863-1935); vgl. u. Thomsen-Genealogie VI, S. 27; vgl. u. Wögens-Genealogie S. 55.

– das Haus in der Gegenwart

ÜBERSICHT I

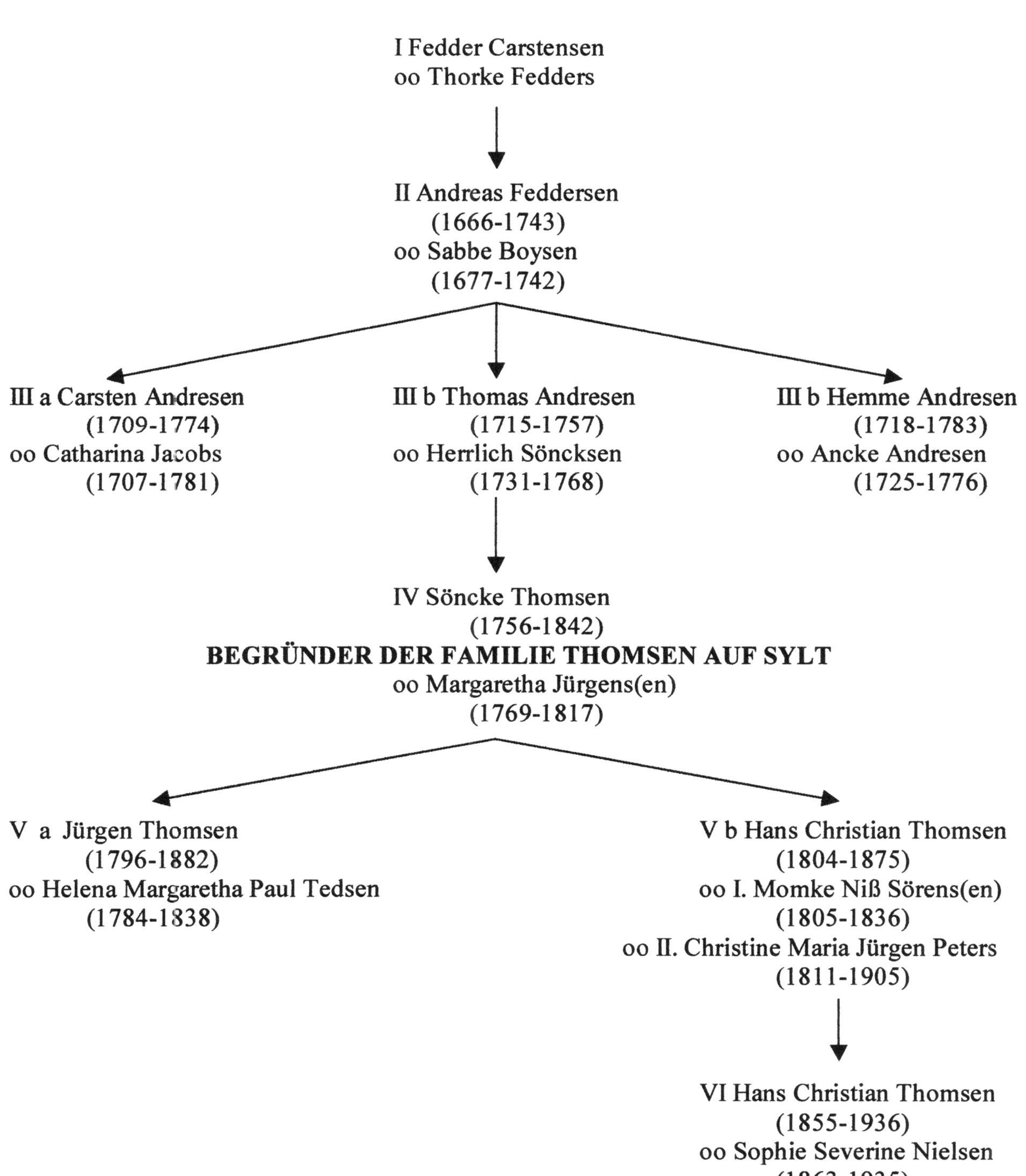
I Fedder Carstensen
oo Thorke Fedders
II Andreas Feddersen
(1666-1743)
oo Sabbe Boysen
(1677-1742)
III a Carsten Andresen
(1709-1774)
oo Catharina Jacobs
(1707-1781)
III b Thomas Andresen
(1715-1757)
oo Herrlich Söncksen
(1731-1768)
III b Hemme Andresen
(1718-1783)
oo Ancke Andresen
(1725-1776)
IV Söncke Thomsen
(1756-1842)
BEGRÜNDER DER FAMILIE THOMSEN AUF SYLT
oo Margaretha Jürgens(en)
(1769-1817)
V a Jürgen Thomsen
(1796-1882)
oo Helena Margaretha Paul Tedsen
(1784-1838)
V b Hans Christian Thomsen
(1804-1875)
oo I. Momke Niß Sörens(en)
(1805-1836)
oo II. Christine Maria Jürgen Peters
(1811-1905)
VI Hans Christian Thomsen
(1855-1936)
oo Sophie Severine Nielsen
(1863-1935)

STAMMFOLGE THOMSEN

I Fedder **Carstensen**, *..., +...;
oo...Thorke **Fedders**, *..., +...

Sohn:

II Andreas **Feddersen**, * Hoddebüll Deich bei Emmelsbüll 2.2.1666, + ebd. 15.12.1743; oo Emmelsbüll...vor 1703 Sabbe **Boysen**, * ebd. 19.5.1677, + Hoddebüll Deich 17.12.1742, T.v. Boy **Hansen** u.d. Margaretha **Boysen**.

Kinder Andresen:

1. Boy, * Hoddebüll Deich 24.8.1703, +..., lebt noch 1743, keine weiteren Nachrichten.

2. Fedder (Frerck), * Hoddebüll Deich 28.4.1705, + Mühlendeich bei Emmelsbüll 22.9.1765; unverehel.

3. Sophia, * Hoddebüll Deich 4.3.1707, + Mühlendeich 2.12.1763; unverehel.

4. Carsten, * Hoddebüll Deich 30.1.1709, s. III a.

5. Nis, * Hoddebüll Deich 19.5.1711, + ebd. 23.11.1730.

6. Thomas, * Hoddebüll Deich 4.7.1713, + ebd....vor 1715.

7. Thomas, * Hoddebüll Deich 13.3.1715, s. III b.

8. Hemme, * Hoddebüll Deich 10.1.1718, s. III c.

9. Margaretha, * Hoddebüll Deich 4.11.1721, + ebd. 1.12.1739.

III a Carsten **Andresen**, * Hoddebüll Deich 30.1.1709, + Südergotteskoogdeich bei Emmelsbüll 22.8.1774;
oo Emmelsbüll 18.2.1738 Catharina **Jacobs**, *...1707, + Südergotteskoogdeich 30.9.1781, T.v. Broder **Heicksen**, aus Neukirchen, u.d. Agatha **Hansen**.

Kinder Carstensen:

1. Jacob, * Südergotteskoogdeich 1.5.1738, + ebd. 27.8.1741.

2. Nis, * Südergotteskoogdeich 9.4.1740, + Osterdeich bei Emmelsbüll 26.10.1779;
   oo Emmelsbüll 8.5.1772 Catharina **Peters**, *..., +..., aus Neukirchen, T.v. Peter **Nielsen** u.d. Margaretha **Godbers**; kinderlos.

3. Agatha, * Südergotteskoogdeich 10.10.1742, + ebd. 16.5.1797;
oo Emmelsbüll 2.1.1783 Jens **Nielsen**, *...1754 (err.), + Südergotteskoogdeich 12.2.1799, aus Schrem, Jütland, S.v. Niels **Jensen** u.d. Christina **Bendit**; kinderlos.

4. Andreas, * Südergotteskoogdeich 8.2.1745, + ebd. 6.3.1747.

5. Andreas, * Südergotteskoogdeich 29.10.1747, + ebd. 17.5.1748.

III b Thomas **Andresen**, * Hoddebüll Deich 13.3.1715, + Rodenäs 19.5.1757;
oo Rodenäs 25.5.1753 Herrlich **Söncksen**, * ebd. 8.11.1731, + ebd. 18.9.1768 (T.v. Söncke **Thomsen**, *...1697, + Norddeich bei Rodenäs 2.6.1747; oo Rodenäs 2.11.1724 **Ancke** Peter **Hansen**, *..., + Norddeich bei Rodenäs 1.3.1739).

Söhne Thomsen:

1. Andreas, * Rodenäs 31.7.1754, + (im Graben ertrunken) ebd. 29.9.1763.

2. Söncke, * Rodenäs 16.1.1756, s. IV.

3. Thomas, * Rodenäs 18.7.1757, + ebd. 12.3.1762.

IV Söncke **Thomsen**, * Rodenäs 16.1.1756, + Keitum auf Sylt 12.2.1842, Landwirt ebd., kam 1818 mit seiner Familie nach Sylt und wurde somit **BEGRÜNDER DER FAMILIE THOMSEN AUF SYLT**; in einer Ausgabe der „Sylter Nachrichten" aus den 1920er Jahren wird berichtet, daß er sich auf Sylt ankaufte, um seine Söhne vom dänischen Militärdienst zu befreien (vgl. Einführung zur Thomsen-Genealogie, S. 3);
oo Emmelsbüll 9.5.1794 Margaretha **Jürgens(en)**, * ebd. 1.6.1769, + Wrewelsbüll bei Emmelsbüll 2.2.1817 (T.v. Jörgen [Jürgen] **Carstensen**[3], * Emmelsbüll 7.1.1711, + ebd. 4.7.1776; oo Emmelsbüll 3.6.1768 Giede **Christians**[4], * Osterklanxbüll 31.7.1741, + Emmelsbüll 20.5.1776).

Kinder Thomsen:

1. Herrlich, * Hoddebüll Deich 7.6.1795, + ebd. 26.7.1796.

2. Jürgen, * Hoddebüll Deich 6.7.1796, s. V a.

3. Thomas, * Hoddebüll Deich 11.9.1798, + Keitum 7.5.1866, Austernfischer ebd.;
oo Keitum 20.8.1830 Anna Christina **Bork**, * Tjereborg (Amt Ripen) 6.4.1788, + Keitum 10.6.1884, kam 1804 nach Sylt, T.v. Jens B., Küster zu Tjereborg, u.d. Karen **Christians**; kinderlos.

---

[3] S.v. Carsten **Jensen**, * Emmelsbüll 25.10.1673, + ebd. 13.7.1753; oo Emmelsbüll...vor 1706 Margaretha **Edlefs**, * ebd. 1.5.1680, + ebd. 30.6.1763.

[4] T.v. Christian **Bonnichsen**, *...28.10.1703 (err.), + Klanxbüll 31.5.1753; oo Klanxbüll...vor 1726 Seyke **Chris tians**, * ebd. 14.3.1710, + Südergotteskoogdeich bei Emmelsbüll 14.10.1775.

4. Egidia, * Hoddebüll Deich 6.6.1801, + Keitum 22.8.1862;
oo Keitum 23.3.1832 Lorenz **Jürgensen**, * Wassersleben bei Flensburg 1.5.1797, + Keitum 5.10.1853, Austernfischer ebd., S.v. Hans J., Holzvogt zu Wassersleben, u.d. Marie Christine **Asmussen**.

Kinder Jürgensen:

1) Hans Andreas, * Keitum 19.6.1832, +..., 1861 Patenonkel seines Neffen Jens Peter Fink (1861-1933); keine weiteren Nachrichten.

2) Sönke Thomas, * Keitum 8.12.1833, + ebd. 11.7.1895, Kapitän und Seelotse; 1861-1868 Kapitän der Bark „Flying Dutchman“ im Dienste der Hamburger Reederei „H.H. Eggers“[5], 1874 Seelotse im Dienste der Deutschen Dampfschiffs-Gesellschaft Kosmos (Kosmos-Linie) an der Magellanstraße in Südamerika, Hafenmeister von Punta Arenas (Chile) und Kapitän eines Kriegsschiffes in chilenischen Staatsdiensten; kehrte 1895 nach Keitum zurück und starb bald nach seiner Rückkehr[6];
oo Hamburg 22.8.1861 **Dürken** Owe **Jansen**, * Keitum 12.8.1827, + ebd. 19.7.1904 (T.v. Albert Andreas J., * List 5.9.1788, + Keitum 22.11.1855, Steuermann; oo Keitum 18.11.1814 **Catharina** Christian **Becker**, * ebd. 14.8.1787, + ebd. 29.9.1866).

Sohn Jürgensen:

Lorenz Emil, * Keitum 4.1.1863, + ebd. 21.6.1922, Landwirt und Uhrmacher ebd.;
oo...27.1.1888 Marianne Margarethe **Lorenzen**, * Lund (Kreis Husum) 26.1.1859, + Keitum 11.8.1913, T.v. Hinrich L., zu Hockensbüll (Kreis Husum), u.d. Anna Margaretha **Greve**.

Kinder Jürgensen:

a. **Siegfried** Heinrich, * Keitum 7.7.1889, +...USA...1945;
Siegfried Jürgensen war verheiratet und hatte einen Sohn; keine weiteren Nachrichten.

b. **Anny** Dürene, * Keitum 29.1.1893, + Schleswig 20.3.1986;
oo I. Sonderburg auf Alsen...Johannes (Hans) Martin **Petersen**, * Husum...1890, +...;
oo II. Lunden in Dithmarschen...1929 Hans **Laffrenzen**, * ebd..., +...

Söhne Petersen aus erster Ehe:

a) **Max** Emil, * Sonderburg auf Alsen 16.6.1915, Bäcker zu Schleswig;
oo Süderstapel an der Eider 9.9.1947 **Anni** Margarethe Dorothea **Sankt Johannes**, * ebd. 7.2.1922, + Schleswig 22.7.1977.
- 3 Kinder -

b) Hans, * Husum 28.7.1922, + gefallen Hazelbrouk bei Lille (Frankreich) 1.7.1940.

c. Heinrich, * Keitum 15.11.1894, + Essen 27.12.1969, Polizeibeamter a.D., später Besitzer einer Hühnerfarm und einer Milchhandlung zu Keitum;
oo Hamburg 21.2.1925 **Frida** Elisabeth Wilhelmine **Gans**, * ebd. 25.5.1902, + Essen 31.7.1984.

Töchter Jürgensen:

a) **Helga** Anna, * Hamburg 28.1.1926;
oo Keitum 11.8.1945 Heinz-Joachim **Heeskens**, * Essen 26.8.1920.
- 2 Kinder -

---

[5] Zur Hamburger Reederei „H.H. Eggers“ vgl. „Eggers“ DGB Band 127 (9. Hamburger) S. 241ff und Hildegard v. Marchtaler, H.H. Eggers, Geschichte der Kaffee-Import und Reederei-Firma 1814-1953, Hamburg 1953.
[6] Vgl. Georg Quedens, Inseln der Seefahrer - Sylt, Amrum, Föhr und die Halligen, Hamburg 1982, S. 95.

b) Elke, * Keitum 14.7.1934;
oo Essen 8.5.1959 **Robert** Henning Eduard **Angerstein,** * Kiel 30.8.1904, + Sasbachwalden in Baden 5.1.1986, Diplom-Ingenieur (Maschinenbau) zu Essen; kinderlos.

3) Maria Christina, * Keitum 23.10.1835, + Archsum 5.5.1913[7];
oo Keitum 13.11.1856 Peter Jens **Fink,** * ebd. 20.4.1829, + Archsum 25.11.1888, Landwirt ebd., er war vor seiner Heirat einige Jahre in Amerika (S.v. Jens Peter F., * Archsum 11.12.1796, + Keitum 17.7.1867, Landesgevollmächtigter, Seefahrer, lebte 20 Jahre als Seefahrer in Amerika; oo Keitum 19.9.1826 **Dürken** Hinrich **Prott,** * ebd. 28.10.1792, + ebd. 23.5.1867).

Kinder Fink:

(1) **Dorothea** Elisabeth, * Archsum 19.9.1857, + Wesselburen in Dithmarschen 15.1.1947;
oo Keitum 26.8.1879 **Georg** Wilhelm **Jasper,** * Deichhausen bei Büsum 13.2.1854, + Lohe bei Heide in Holstein 20.2.1936, Lehrer zu Wesselburen in Dithmarschen; 1870-1871 Präparand zu Westerdeichstrich bei Büsum, 1871-1873 Hilfslehrer zu Seeth bei Süderstapel, 1873-1874 zu Osterdeichstrich bei Büsum und Blankenmoor, 1877-1878 Lehrer zu Altona, 1878 zu Heide in Holstein, 1879 II. Staatsexamen zu Tondern, 1878-1922 Lehrer zu Wesselburen, S.v. Joachim J. u.d. Cäcilie Elisabeth **Stüfen.**

Kinder Jasper:

a. Peter Georg Johannes, * Wesselburen 20.12.1881, +..., Oberlehrer;
oo Wesselburen 12.4.1911 Marie Margareta Emma **Peters,** * Moorrege (Kreis Pinneberg) 16.8. 1883, +..., T.v. Klaus Jakob P., Rektor, u.d. Marie Anna Konradine **Elend.**

b. Max Christian, * Wesselburen 9.10.1883, + Lüneburg...1958.

c. Johanna Marie Mathilde, * Wesselburen 24.2.1886, + Heide in Holstein...1964.

d. Ehrich Martin Meinert, * Wesselburen 4.3.1888, +...

e. Paula Mathilde Adolfine, * Wesselburen 19.3.1893, + Hamburg...1986.

(2) **Louise** Amalia, * Archsum 22.3.1859, + Hamburg 14.5.1940;
oo Keitum 14.8.1884 Hans **Jensen,** * Börm (Amt Kropp) bei Schleswig 14.10.1852, + Billwerder bei Hamburg 30.6.1912, Lehrer ebd.; 1875-1876 Präparand zu Fünfmühlen bei Erfte, 1876-1879 Lehrer zu Archsum auf Sylt, 1879 II. Staatsexamen zu Tondern, 1879-1880 Lehrer zu Klockries, 1880-1882 an der Jansen´ schen Privatschule zu Blankenese bei Hamburg, 1882-1912 zu Billwerder, S.v. Detlef J. u.d. Margaretha **Hansen.**

(3) **Jens** Peter, * Archsum 29.6.1861, + Chicago, Illinois (USA), im November 1933, lebte 1888 als Kaufmann zu Hamburg;
oo...21.3.1886 **Marie** D...F...H...**Möller,** *..., +...

(4) **Eduard** Petersen, * Archsum 12.9.1863, +..., lebte 1888 in Amerika.

(5) **Carl** Petersen, * Archsum 31.10.1865,+ ...;
oo Chicago 1.10.1893 Fannie **Webb,** *..., +...

(6) **Erich** Petersen, * Archsum 1.7.1868, + ebd. 27.2.1926, Lehrer; 1884-1886 Besuch der Präparandenanstalt zu Apenrade, 1886-1887 Präparandenstelle zu Tiebensee in Dithmarschen, 1887-1890 Besuch des Lehrerseminars zu Tondern, 1890-1899 Lehrer zu Mögeltondern, 1896 Gemeindevorsteher ebd., 1899-1920 Lehrer zu Friedrichenkoog bei Hoyer, ab 1920 Lehrer i.R. zu Morsum, Verfasser der Hauschronik der Familie Fink, Archsum;

---

[7] Die Eheleute Fink wurden auf dem Friedhof zu Keitum beigesetzt, wo sich noch heute die große Familiengrabstätte Fink befindet, auf der zuletzt 1984 beider Enkel **Peter** Karl **Klint** (vgl. S. 16) beigesetzt wurde.

oo I. Mögeltondern 4.11.1891 Ane Cathrine **Petersen**, * ebd. 12.8.1869, + ebd. 11.11.1896, T.v. Peter Jensen P., Gastwirt und Hofbesitzer ebd., u.d. Magrethe **Mamsen**;
oo II. Morsum 20.4.1901, die Schwester seines Schwagers, **Clara** Charlotte **Klint**[8], * ebd. 1.2.1878, + Westerland 20.5.1958 (T.v. **Carl** Hansen K., * Morsum 5.11.1832, + ebd. 7.4.1908; oo Morsum 20.9. 1859 **Moiken** Jacobine **Matzen**, * ebd. 17.9.1838, + ebd. 26.2.1899).

Kinder Fink,
erster Ehe:

a. **Peter** Jensen, * Mögeltondern 19.9.1893, + Kolding (Dänemark) 5.4.1952, Kaufmann ebd., vordem Seefahrer;
oo Rodenäs 10.10.1923 **Caroline** Juliane **Petersen**, * ebd. 8.11.1897, + Kolding 9.12.1993, T.v. Andreas P., zu Rodenäs, u.d. Herrlich **Jensen**.

Söhne Fink:

a) **Erik** Petersen, * Kolding 30.11.1924, + (auf einer Reise) in Polen 13.2.1977, Diplom-Ingenieur;
oo...
- 1 Sohn -

b) **Uwe** Petersen, * Kolding 21.12.1926, Schiffsoffizier i.R. (Erster Steuermann), lebt zu Kolding;
oo...

b. **Meinert** Christian, * Mögeltondern 20.12.1894, + gefallen vor Verdun (Frankreich) 20.8.1917.

c. Margret(h)e, * Mögeltondern 14.10.1896, + Flensburg 8.2.1957;
oo Hoyer 6.5.1920 **Ludwig** Louis **Klint**, * Morsum 15.11.1893, + ebd. 8.4.1973, Landwirt ebd., Kirchenvorsteher zu St. Martin ebd. (S.v. **Ludwig** Cornelius K., * Morsum 15.7.1852, + ebd. 29.7.1935, Landwirt ebd.; oo Morsum 9.6.1876 **Louise** Petrine **Schmidt**, * ebd. 22.12.1852, + ebd. 15.9.1923).

Söhne Klint:

a) **Ludwig** Cornelius, * Friedrichenkoog bei Hoyer 12.8.1921, + Westerland 13.6.1985, Tischler;
oo Morsum 10.5.1948 Augusta **Schilling**, * Hamburg 26.7.1920, + Husum 26.7.1997.
- 1 Sohn -

b) **Erich** Peter, * Oldenswort auf Eiderstedt 4.8.1923, + Lazarett Dorpat (Estland) im Januar 1943.

c) **Alfred** Louis Carl, * Morsum 15.3.1925, Stadtangesteller i.R. zu Westerland;
oo Morsum 15.3.1949 Berta **Nürnberg**, * Hammerfeld 15.8.1927; geschieden Niebüll 14.12. 1979. - 4 Kinder -

d) **Kurt** Peter Siegfried, * Morsum 7.3.1927, + gefallen bei Cottbus im März 1945.

e) **Meinert** Manuel, * Morsum 24.7.1928, Landwirt ebd.;
oo Morsum 16.5.1960 **Erna** Salomea **Schneider**, * Rheinbischofsheim (Kreis Kehl) in Baden 16.5.1936. - 4 Kinder -

f) **Karl** Cornils, * Morsum 1.2.1931, Schmied ebd.;
oo Niebüll-Deezbüll 30.12.1960 Sophie **Lydia Nielsen**, * Niebüll 28.8.1934, T.v. Nis Christian N. u.d. Martha Maria **Petersen**.
- 3 Kinder -

[8] Schwester von **Julius** Meinert Christian **Klint** (1872-1936) oo **Mathilde** Henriette **Fink** (1874-1942); vgl. S. 15.

g) **Adolf** Paul, * Morsum 15.10.1933, Maurer zu List;
oo Klixbüll bei Niebüll 2.2.1965 Christa **Jacobsen**, * Bosbüll bei Niebüll 29.4.1938.
- 3 Kinder -

Kinder Fink,
zweiter Ehe:

d. Karl, * Friedrichenkoog bei Hoyer 28.5.1902, + Morsum 25.3.1994, Landwirt und Müller ebd.;
oo Morsum 18.5.1928 **Inken** Margarethe **Thiessen**, * ebd. 11.6.1905 + ebd. 9.10.1988 (T.v. Boy T.[9], * Morsum 3.4.1875, + ebd. 2.9.1942, Landwirt und Schiffszimmermann ebd.; oo Morsum 28.10.1900 Clara Henriette **Thiesen**, * ebd. 3.12.1876, + ebd. 10.4.1951).

Kinder Fink:

a) **Erika** Klara, * Morsum 17.12.1928;
oo Morsum 1.10.1949 **Ludwig** Karl **Nielsen**, * ebd. 7.4.1923, + ebd. 6.12.2000, Landwirt ebd., S.v. Magnus Martin N., Landwirt ebd., u.d. Roberta Emilie **Jensen**.
- 6 Kinder -

b) Brunhilde, * Morsum 4.8.1934;
oo Morsum 25.8.1956 **Arnold** Friedrich **Voss**, * Kiel 28.5.1930, Fernmeldebetriebsinspektor a.D.
- 2 Kinder -

c) Karl-Uwe, * Morsum 15.8.1944, Landwirt ebd.;
oo Morsum 16.5.1969 Christel **Oest**, * Brunsbüttel in Dithmarschen 22.3.1948.
- 2 Söhne -

e. **Anne** Katharine, * Friedrichenkoog bei Hoyer 10.9.1904, + Leck 5.5.1997;
oo Flensburg 16.7.1927 **Friedrich** Christian Asmus **Lindegaard**, * ebd. 26.12.1899, + Wenningstedt 14.7.1983, Maschinenschlosser, Installateur und Brunnenbauer ebd. (S.v. Jens Friedrich **Asmus** L., Schuldiener zu Flensburg, u.d. **Maria** Catharina **Christiansen**); geschieden 1950/51.

Söhne Lindegaard:

a) **Egon** Asmus Günter, * Archsum 12.11.1927, Angestellter i.R. zu Wenningstedt;
oo Westerland 1.8.1960 **Gretha** Luise **Heldt**, * Neukirchen (Kreis Südtondern) 31.3.1938, T.v. Friedrich H. u.d. Anna Agathe **Wilhelmsen**.
- 1 Tochter -

b) Harry, * Wenningstedt 14.5.1931, Bau- und Möbeltischler ebd.;
oo Westerland 12.12.1958 **Gerda** Anna Elisabeth **Callies**, * Heinrichsdorf (Kreis Neustettin) in Pommern 11.9.1934.
- 2 Kinder -

(7) **Peter** Jens, * Archsum 24.10.1870, + ebd. 9.6.1872.

(8) **Meinert** Christian, * Archsum 24.10.1870 (Zwillingsbruder von 7), + ebd. 4.9.1893.

(9) **Pauline** Jeanette, * Archsum 30.7.1872, + Hamburg 30.12.1936, Lehrerin ebd.; unverehel.

(10) **Mathilde** Henriette, * Archsum 16.9.1874, + ebd. 14.11.1942;
oo Keitum 29.9.1898 **Julius** Meinert Christian **Klint**[10], * Morsum 28.12.1872, + Archsum 3.10.1936, Landwirt ebd., S.v. **Carl** Hansen K., zu Morsum, u.d. **Moiken** Jacobine **Matzen**.

---

[9] Bruder von Bernhard **Thiessen** (1887-1948) oo **Caroline** Mathilde **Thomsen** (1885-1988); vgl. S. 27.

[10] Bruder von **Clara** Charlotte **Klint** (1878-1958) oo **Erich** Petersen **Fink** (1868-1926); vgl. S. 13.

Kinder Klint:

a. **Martha** Dürene, * Archsum 15.3.1901, + ebd. 31.1.1973;
oo Westerland 28.6.1925 **August** Hinrich **Abeling**[11], * ebd. 18.8.1893, + Archsum 22.8.1974, Gastwirt, Besitzer der Gaststätte „Zur Erholung" ebd. (S.v. **Bernhard** Friedrich A., * Keitum 29.1.1861, + Westerland 5.12.1945, Bäckermeister ebd.; oo Westerland 19.9.1886 **Erkel** Ebe **Axelsen**, * ebd. 14.8.1864, + Archsum 19.3.1955).

Sohn Abeling:

Julius Bernhard, * Archsum 17.5.1935, Zimmerer zu Westerland;
oo Keitum 2.7.1960 **Friedel** Christine Marie **Möller**, * Westerland 26.11.1937 (T.v. Friedrich Ludwig M., * Tinnum 29.11.1898, + Westerland 22.12.1979, Tischler ebd.; oo Westerland 28.12.1929 **Maria** Magdalene **Heinrich**, * St. Annen-Österfeld in Dithmarschen 20.5.1902, + Westerland 14.6.1978).
\- 1 Tochter -

b. **Peter** Karl, * Archsum 30.4.1909, + ebd. 23.11.1984, Landwirt ebd.;
oo Keitum 12.11.1937 **Eva** Anna Maria **Bunz**[12], * Magdeburg 8.3.1916 (T.v. **Albert** Christoph Johannes B., * Möttlingen im Schwarzwald 31.10.1879, + Archsum 12.6.1943, Versicherungskaufmann, Direktor der Allianz-Versicherung zu Magdeburg; oo Magdeburg 15.3.1905 **Katharina** Julie Auguste **Schreiber**, * ebd. 16.3.1882, + Karlsruhe in Baden 2.8.1975).

Töchter Klint:

a) **Mathilde** Katharina, * Göttingen 8.8.1951;
oo I...Nikolaus **Möller**, *...; geschieden
oo II. Westerland 14.6.1991 Peter **Jensen**, * Enge-Sande bei Niebüll 4.8.1953, Kfz-Mechaniker zu Archsum, S.v. Moritz J., Landwirt zu Enge-Sande, u.d. Henriette **Matthiesen**.
\- 1 Tochter aus erster Ehe -

b) **Erika** Juliane Albertine, * Westerland 19.9.1956; unverehel.

c. **Meinert** Christian, * Archsum 17.9.1911, + im Feldlazarett Dno (Rußland) 29.7.1941, Leutnant; unverehel.

(11) **Hulda** Maria, * Archsum 17.3.1877, + Rendsburg in Holstein 16.7.1951;
oo Keitum 16.4.1900 **Carl** Martin **Selmer**, * ebd. 2.3.1874, + Rendsburg 6.3.1948, Kapitän des Feuerschiffes „Elbe I", vordem Schiffer zu Husum (S.v. Peter Jacob S., * Nordstrand 3.9.1840, + Keitum 8.5. 1911, Schiffer ebd.; oo Keitum 9.12.1870 **Catharina** Margaretha **Reichardt**, * Schwabstedt bei Friedrichstadt 3.6.1844, + Flensburg 12.2.1927).
\- 3 Kinder -

4) Andreas, * Keitum 16.11.1838, + ebd. 30.3.1848.

5) Meinert, * Keitum 13.12.1840, +..., war im Jahre 1860 auf Kauffahrteifahrt, 1870 Patenonkel seines Neffen Peter Jens Fink (1870-1872); keine weiteren Nachrichten.

6) Lorenz Eduard, * Keitum 11.9.1843, +..., 1868 Patenonkel seines Neffen Erich Petersen Fink (1868-1926) und 1894 Patenonkel seines Großneffen Heinrich Jürgensen (1894-1969); keine weiteren Nachrichten.

5. Hans Christian, * Hoddebüll Deich bei Emmelsbüll 29.1.1804, s. V b.

6. Andreas, * Wrewelsbüll bei Emmelsbüll 20.2.1808, +...vor 1842.

---

[11] Vgl. Fußnote 47, Auszug aus der Genealogie der Familie Abeling und verwandter Familien.
[12] Die Familie Bunz ist ein altes württembergisches Bürgergeschlecht, dem am 2.2.1595 ein Wappen verliehen wurde und aus dem zahlreiche Pfarrer, Gerichts- und Ratsverwandte sowie Kaufleute hervorgegangen sind.

7. Caroline, * Wrewelsbüll 17.1.1812, + Keitum 3.5.1883;
oo Keitum 28.9.1832 Michel **Nielsen**, * Ballum (Amt Tondern) 22.2.1798, + Keitum 29.9. 1860, Uhrmacher, Gold- und Silberschmied[13] ebd., S.v. Thyssen **Michelsen** u.d. Helena Margaretha **Mersk**; kinderlos.

V a Jürgen **Thomsen**, * Hoddebüll Deich bei Emmelsbüll 6.7.1796, + Westerland 21.3.1882, Seefahrer zu Keitum, 1842 nach Westerland übergesiedelt, Austernfischer und Schiffszimmermann ebd.; oo I. Keitum 24.12.1819 **Helena** (Lena) Margaretha Paul **Tedsen**, * Rodenäs 28.9. 1784, + Keitum 13.8.1838 (T.v. Paul T.[14], * Oldorf bei Rodenäs 4.4.1735, + Keitum 22.10.1810,

---

[13] Die Wanduhr, die der Keitumer Kirche St. Severin 1847 gestiftet wurde, ist eine Arbeit von Michel Nielsen. Im Museum zu Tondern befinden sich 1 Eßlöffel, 1 Teelöffel und ein Garnhalter, im Altonaer Museum zu Ham burg 1 Teelöffel und im Heimatmuseum zu Keitum 1 Garnhalter, die seine Signatur „M.N." tragen.

[14] Paul **Tedsen** (1735-1810) [S.v. Tetjen **Albertsen**, * Oldorf bei Rodenäs...1700, + ebd. 13.3.1774; oo II. Rode näs 1.7.1734 Dorothea **Paulsen**, * Rickelsbüll bei Rodenäs...1709, + Oldorf bei Rodenäs 8.1.1771];
oo I. Rodenäs 5.5.1762 Momcke **Mommens**, * Ophusum bei Rodenäs 15.10.1733, + Rodenäs 5.5.1779, T.v. Momme **Lützen** u.d. Herrlich **Andresen**;
oo II. Rodenäs 12.5.1781 Christina Margaretha **Christians**, * Braderup bei Niebüll 4.9.1746, + Neudorf bei Rodenäs 9.5.1786, T.v. Christian **Petersen**, Küster zu Braderup, u.d. Helena **Jensen**;
oo III. Keitum 27.2.1794 **Merret** Peter **Jürgens**, ~ ebd. 10.9.1758, + Westerland 6.11.1839 (T.v. Peter **Jürgensen**, * Grelsbüll bei Humtrup...1725, + Keitum 16.12.1807, Schneider ebd., vordem Seefahrer; oo Keitum 2.5.1751 Anna Ingwerts **Hemmsen**, ~ ebd. 5.7.1729, + ebd. 11.11.1784).
Kinder Tedsen,
erster Ehe:

1. **Momme** Paul, * Tevelum bei Rodenäs 30.11.1762, + ebd. 14.12.1762.
2. **Momme** Paul, * Rodenäs 1.8.1764, + Keitum 17.2.1808, Zimmermann, Gastwirt und Schlachter ebd.;
oo Keitum 22.1.1802 Metta **Hansen**, * Tjereborg (Amt Ripen) 2.2.1780 (err.), + Keitum 25.5.1845 – Sie oo II. Keitum 14.10.1809 Niels **Erichsen**, * Havervard/Bröns 8.8.1780, + Keitum 5.6.1842, Fuhrmann ebd. (Töchter Erichsen [von 5 Kindern]: a. Botilla **Erichsen**, * Keitum 2.10.1812, + ebd. 14.3.1895, oo Keitum 10.3.1837 Andreas Albert **Klein**, * ebd. 6.12.1810, + ebd. 23.4.1873, Kapitän ebd., Sohn Klein: **Albert** Andreas **Klein**, * Keitum 26.6.1840, + Kiel 21.3.1902, Kapitän zu Keitum; vgl. u. Wögens-Genealogie, Fußnote 47, S. 41, Familie Klein vgl. ferner S. 22, 28 und 56; b. Abeline **Erichsen**, * Keitum 11.6.1814, + ebd. 19.5.1875, oo Keitum 29.4.1841 Schwenn Sievert **Munk**, * ebd. 14.8.1813, + ebd. 17.11.1891, Kapitän ebd. – Er oo II. Keitum 1.11.1877 **Anna** Martha **Jansen**, * ebd. 12.2.1847, + Radegast in Mecklenburg im März 1933).
- 4 Kinder Momme Paul Tedsen oo Metta Hansen (+ jung) -
3. **Dorothea** Paul, * Rodenäs 28.5.1767, + Keitum 27.2.1851;
oo I. Keitum 5.7.1799 Lorenz (Lauritz) **Andresen**, *..., +...1801, Seefahrer, aus Jütland, S.v. Andreas **Lauritzen**, zu Thielstede, Jütland, u.d. Anna Catharina...
oo II. Keitum 22.1.1802 Niß **Sörens(en)**, * Nöraae, Jütland,...1778, + Keitum 26.12.1834, Seefahrer und Bootsführer ebd.
Kinder Sörens(en):
1) **Lorenz** Niß, * Keitum 20.11.1802, + Kopenhagen...1825.
2) **Momke** Niß, * Keitum 9.10.1805, + ebd. 12.3.1836;
oo Keitum 15.1.1829 Hans Christian **Thomsen** (1804-1875); vgl. V b, S. 19.
4. **Herrlich** Paul, * Rodenäs 14.7.1770, + Keitum 5.1.1821;
oo Keitum 23.10.1800 Jürgen Peter **Jürgens**, * ebd. 12.9.1773, + ebd. 11.10.1865, Seefahrer, Bruder von Merret Peter Tedsen, geb. Jürgens (1758-1839); vgl. o.
Tochter Peters (von 4 Kindern; vgl. Fußnote 17):
Christine Maria, * Keitum 24.3.1811, + ebd. 9.11.1905;
oo Keitum 22.2.1839, den Witwer ihrer Cousine, Hans Christian **Thomsen** (1804-1875); vgl. V b, S. 19.
5. **Agatha** Paul, * Rodenäs 27.10.1773, + Keitum 9.11.1864, verbrachte ihre letzten Lebensjahre im Hause von Hans Christian Thomsen ebd.;
oo Keitum 16.4.1804 Erck (Erich) Thies **Hansen**, * Braderup 27.3.1770, + Keitum 17.7.1858, S.v. Theide H., Seefahrer, u.d. **Erkel** Manne **Erichen**; kinderlos.
6. totgeborenes Kind, * + Rodenäs 27.10.1773.

Zimmermann ebd., vordem zu Rodenäs; oo II. Rodenäs 12.5.1781 Christina Margaretha **Christians**,* Braderup bei Rodenäs 4.9.1746, + Neudorf bei Rodenäs 9.5.1786);
oo II. Westerland 20.11.1842 Kressen **Michelsen Marlow** (Marloh), * ebd. 22.7.1803, + ebd. 16.1.1880 (T.v. Michel Michelsen Marlow [Marloh], Kapitän zu Westerland, u.d. Christine **Nielsen**) – Sie oo I. Keitum 14.10.1836 Andreas **Petersen** (+ 1836), Gastwirt ebd.

Töchter Thomsen, erster Ehe[15]:

1. Marg(a)retha, * Keitum 26.7.1823, + Westerland 15.1.1915;
oo Keitum 14.8.1853 Niels Peter **Christensen** (Christiansen), * Sönderborg, Jütland,...1822 (err.), +..., Kapitän, S.v. Christian **Pedersen** u.d. Magdalene **Nielsdotter**.
- 4 Töchter -

2. Christina, * Keitum 17.1.1826, + Westerland 4.11.1884;
oo Keitum 14.8.1853 (Doppelhochzeit mit ihrer Schwester Margaretha) Lars **Berthelsen**, (Bartels), * Hirtsholm, Jütland,...1811 (err.), +..., Seefahrer, S.v. Berthel **Larsen** u.d. Zina **Olesdotter**.

Kinder, Tedsen, zweiter Ehe:

7. Tetjen Albrecht, * Neudorf bei Rodenäs 13.3.1782, + ebd. 8.10.1782.
8. **Helena** (Lena) Margaretha Paul, * Rodenäs 28.9.1784, + Keitum 13.8.1838;
oo Keitum 24.12.1819 Jürgen **Thomsen** (1796-1882); vgl. V a, S. 17.

Kinder Tedsen, dritter Ehe:

9. Theide Paul („Taire Pauls"), * Keitum 13.6.1795, + Westerland 25.9.1872, Kapitän und Landwirt ebd.;
oo Westerland 16.9.1827 Maiken **Klein**, * ebd. 10.11.1785, + ebd. 26.2.1874, T.v. Jens Jensen K. u.d. **Ay** Theide **Knuten**.
Kapitän Theide Paul Tedsen hatte aus einer Verbindung mit **Maria** Nicoline **Lassen**, * Rantum 23.5.1810, + Westerland 15.12.1895 (T.v. **Peter** Nicolai L., * Bergen [Norwegen] 31.12.1783, + Rantum 16.8.1848, Seefahrer und Wattenfischer ebd.; oo Westerland 20.3.1810 **Merret** Peter **Claasen**, * Rantum 11.4.1789, + Westerland 3.5.1869) folgende 3 Töchter:
1) Maria Paulina, * Rantum 6.7.1834, + Westerland 10.9.1917;
oo Westerland 9.12.1855 **Andreas** Claas **Matzen**, * ebd. 19.11.1831, + ebd. 3.6.1905, Landwirt und Schiffszimmermann ebd. (S.v. Christian M., * Mögeltondern 4.6.1798, + auf See vor Westerland 12.6. 1856, Seefahrer und Landwirt zu Westerland; oo Westerland 13.10.1824 **Merret** Michel **Boysen**, * ebd. 25.11.1798, + ebd. 12.6.1885); vgl. Gerd Matzen, Das Haus der sieben Schimmel. Eine Chronik der Sylter Familie Matzen, Husum 1999, S. 205 und 231.
- 17 Kinder -
2) **Kressen** Nicoline, * Westerland 6.7.1837, + ebd. 5.8.1910;
oo I. Westerland 1.8.1861 **Reimert** Christian **Hansen**, * Braderup 12.2.1826, + (auf See)..., Kapitän, S.v. Hans Christian **Rasmussen**, Seefahrer zu Braderup, u.d. **Maren** Niss **Peters**;
oo II. Westerland 22.2.1875 Christian Sybrand **Geiken**, * Morsum 20.9.1829, + Westerland 1.9.1900, Dünenaufseher ebd., 1868-1871 Aufseher über die Dünenbepflanzung auf Amrum (S.v. Peter Geike Peters, * Morsum 26.1.1785, + ebd. 30.9.1839, Kapitän ebd., u.d. Carolina Maria **Sybrand**, * List 14.4. 1797, + Morsum 18.3.1853).
- 4 Kinder aus erster Ehe, 2 Kinder aus zweiter Ehe -
3) **Christine** Mathilde, * Westerland 6.4.1844, + ebd. 13.8.1920;
oo Westerland 29.3.1868 Boy Peter **Christiansen**, * Tinnum 3.1.1847, + Westerland 27.2.1923, Bäcker und Logierhausbesitzer ebd., S.v. **Peter** Matzen C. u.d. **Gondel** Boy **Clausen**.
- 5 Kinder -

Zur Verbindung zwischen Theide Paul Tedsen und Maria Nicoline Lassen vgl. auch Gondel Wielandt, Die Lassens von Sylt. Eine Chronik der Insel und ihrer Menschen, 9. Auflage, Hamburg 1989, S. 76ff.

10. Anna Momcke, * Keitum 14.4.1798, + ebd...1799.
11. Anna Momcke, * Keitum 20.3.1800, +...

[15] Ein Sohn verstarb vor 1838 im Kindesalter.

3. Hanna, * Keitum 14.2.1828, + Westerland 13.2.1900;
oo Keitum 9.3.1854 Siewert **Christiansen**, * Westerland 22.6.1827, + ebd. 1.11.1865, Kapitän ebd. (S.v. Christian Sören C., * Westerland 25.5.1785, + ebd. 18.7.1855, Seefahrer ebd.; oo Westerland 8.6.1813 **Ellen** Rink **Hennings**, * Rantum 31.1.1788, + Westerland 24.11. 1864, Schwester des Sylter Chronisten Henning **Rinken** [1777-1862]).

Kinder Christiansen:

1) Rosa Henriette, * Tinnum 15.3.1854, + Westerland 18.2.1933;
oo Westerland 9.1.1883 Niels Hans **Hansen**, * Keitum 7.8.1843, +..., Kapitän, S.v. Niels Willard H., aus Tjereborg (Amt Ripen) Fuhrmann zu Keitum, u.d. **Else** Hendrick **Jensen**.

Sohn Hansen:

Erwin Nicolaus, * Westerland 7.12.1884, + ebd. 27.7.1950, Kapitän ebd.;
oo Hamburg 17.4.1926 Anna **Auguste** Conradine **Kohlmann**, * Lilienthal (Kreis Osterholz) bei Bremen 21.9.1895, + Niebüll 14.2.1974.

2) **Jan** Sievert, * Westerland 27.1.1859, +..., war 1900 als Ingenieur zu Mainz tätig, keine weiteren Nachrichten.

3) Sievert, * Westerland 25.10.1862, +..., keine weiteren Nachrichten.

V b Hans Christian **Thomsen**, * Hoddebüll Deich bei Emmelsbüll 29.1.1804, + Keitum 3.11. 1875, Schiffer und Seefahrer, Watten- und Austernfischer, Schiffszimmermann und Segelmacher ebd.; er diente 1849 freiwillig als Lotse auf den schleswig-holsteinischen Kanonenbooten und galt als einer der erfahrensten Sylter Wattenfischer des 19. Jahrhunderts;
oo I. Keitum 15.1.1829 **Momke** Niß **Sörens(en)**, * ebd. 9.10.1805, + ebd. 12.3.1836 (T.v. Niß S., * Nöraae, Jütland,...1778, + Keitum 26.12.1834, Seefahrer und Bootsführer; oo Keitum 22.1. 1802 **Dorothea** Paul **Tedsen**[16], * Rodenäs 28.5.1767, + Keitum 27.2.1851 [Witwe von Lorenz **Andresen**, + 1801]);
oo II. Keitum 22.2.1839, die Cousine seiner ersten Ehefrau, **Christine** Maria Jürgen **Peters**[17], * ebd. 24.3.1811, + ebd. 9.11.1905 (T.v. Jürgen Peter **Jürgens**, * Keitum 12.9.1773, + ebd.

---

[16] Vgl. Fußnote 14.

[17] Geschwister von Christine **Thomsen**, geb. **Peters** (1811-1905):

1. Anna, * Keitum 2.10.1801, + ebd. 22.1.1888, verbrachte ihre letzten Lebensjahre im Haus von H.C. Thomsen; oo Keitum 11.8.1844 **Andreas** Sörensen **Frösig**, * Jedstedt bei Wilsleff (Amt Hadersleben)...1805, + Keitum 23.9.1884, S.v. **Sören** Pedersen F. u.d. Margrethe **Jörgensen**; kinderlos.
2. Peter, * Keitum 14.10.1804, + ebd. 27.8.1863, Seefahrer ebd.;
oo Keitum 24.11.1837 **Moiken** Meinert **Hansen**, * ebd. 3.12.1808, + ebd. 30.12.1864, T.v. Meinert Thies H., Seefahrer, u.d. **Dürken** Peter **Bleicken**.
Töchter Peters:
1) Herrlich, * Keitum 15.9.1838, + ebd. 13.2.1915;
oo Keitum 6.11.1867 Johannes **Weppler**, * Grünberg in Hessen...1833, + Keitum 9.11.1915, Schmied ebd., S.v. Georg W., zu Grünberg, u.d. Margaretha **Walten**.
Kinder Weppler:
(1) Johannes **Georg**, * Keitum 23.1.1869, + ebd. 11.12.1954, Mechaniker ebd.; unverehel.
(2) Peter Meinert, * Keitum 4.10.1871, +..., keine weiteren Nachrichten.
(3) **Martin** Heinrich , * Keitum 28.2.1874, + (infolge der Sturmflut) Archsum 18.10.1936, Landwirt zu Keitum; unverehel.
(4) **Maiken** Johanna Haraldine, * Keitum 19.6.1877, +..., keine weiteren Nachrichten.
(5) **Andreas** Frösig, * Keitum 19.2.1880, + ebd. 7.6.1880.
(6) **Anna** Andrea Friederike, * Keitum 9.5.1883, + ebd. 17.5.1960, Landwirtin ebd.; unverehel.

11.10.1865, Seefahrer; oo Keitum 23.10.1800 **Herrlich** Paul **Tedsen**[18], * Rodenäs 14.7.1770, + Keitum 5.1.1821).

Kinder Thomsen, erster Ehe:

1. Margaretha, * Keitum 17.11.1829, + ebd. 18.5.1923; oo Keitum 26.8.1861 Dücke **Aggesen**, * Norddeich bei Rodenäs 14.2.1829, + Keitum 29.12. 1914, Schiffer und Austernfischer ebd. (S. v. **Dücke** Heinrich A.[19], * Friedrichenkooger Mühle bei Rodenäs 3.6.1802, + Rodenäs 7.4.1865; oo Rodenäs 7.5.1825 **Catharina** Hans **Brodersen**, * Sieltoft 14.4.1799, + Keitum 25.12.1874).

Kinder Aggesen:

1) **Molle** (Molly) Pinenne, * Keitum 12.6.1862, + ebd. 6.5.1940; oo Keitum 19.5.1893 Jens **Erken**, * Morsum 29.1.1870 + Keitum 26.12.1956, Zimmermann ebd. (S.v. Peter Manne E., * Morsum-Osterende 30.3.1839, + Morsum 14.3.1901, Strandvogt ebd.; oo Morsum 4.5.1862 Marie **Michelsen**, * ebd. 1.1.1843, + ebd. 15.4.1921).

Kinder Erken:

(1) Peter Diedrich, * Keitum 1.6.1895, + Archsum 25.12.1897.

(2) Margaretha Maria, * Keitum 28.1.1897, + ebd. 21.12.1897.

(3) **Margaretha** Paula, * Keitum 16.8.1902, + (durch Blitzschlag) Morsum 28.4.1931; oo Andreas **Lauritzen**, Landwirt zu Morsum, - 2 Söhne -

2) **Catharina** Nicoline, * Keitum 22.6.1864, + ebd. 23.4.1877.

3) **Christine** Dorothea, * Keitum 17.9.1866, + ebd. 10.2.1952; oo Keitum 26.5.1912 Johannes Christian **Möser**, * Pellworm 31.10.1855, + Hamburg...1934, Zollbeamter.

4) **Dora** Helene, * Keitum 2.12.1868, + Keitum 30.8.1949; oo Keitum 14.8.1896 **Meinert** Anton **Thamen**[20], * ebd. 26.1.1868, + ebd. 24.6.1950, Schneidermeister ebd. (S.v. Dirk Peter T., * Keitum 4.8.1835, + ebd. 13.4.1920, Zimmermann; oo Keitum 28.8.1860 Nicoline Christine **Pedersen**, * Röm 23.9.1830, + Keitum 30.10.1886).

---

2) Dürken („Jüke"), * Keitum 25.10.1841, + ebd. 12.7.1923; oo Keitum 29.1.1875 Peter Thies **Clemenz**, * ebd. 25.10.1830, + ebd. 17.9.1890, Seefahrer und Segelmacher ebd. (S.v. Hans Peter C., Austernfischer zu Keitum, u.d. **Maren** Boysen **Schmidt**); Onkel von Jenny **Clemenz**; vgl. Fußnote 36, S. 28.

3. Momke, * Keitum 11.9.1808, + ebd. 1.3.1825.

[18] Vgl. Fußnote 14.

[19] S.v. Dücke A., * Norddeich bei Rodenäs 10.9.1761, + (durch Sturz vom Pferde in einen Graben) bei Brödeby (Dänemark) 16.3.1816, Graupenmüller im Friedrichenkoog (S.v. Jürgen A., * Rickelsbüll bei Rodenäs 29.8 1735, + Liebleben bei Rodenäs 30.6.1807, Ratmann und Landesgevollmächtigter; oo Rodenäs 12.12.1760 Sösche **Dückens**, *..., + Liebleben bei Rodenäs 25.3.1813); oo Rodenäs 26.8.1791 Hanna Margaretha **Dückens**, * Hoddebüll Deich bei Emmelsbüll 19.1.1767, + Liebleben bei Rodenäs 8.6.1843, T.v. Dücke **Nissen** u.d. Herrlich **Jensen**.

[20] Meinert Anton **Thamen** (1868-1950) war ein Ururenkel des Keitumer Seefahrers Peter Erck **Thamen** (1754-1778), der im Jahre 1773 in Keitum **Inge** Jens **Lorentzen** (1748-1833), die Tante des Sylter Landvogts Uwe Jens **Lornsen** (1793-1838) geheiratet hat. Nach dem Tod von Peter Erck Thamen 1778 in Le Havre heiratete seine Witwe Inge, geb. Lorentzen 1781 in Keitum den Steuermann Mochel **Knuten** (1750-1796). Aus dieser Ehe ging **Merret** Mochel **Knuten** (1793-1881) hervor, die den Steuermann Samuel **Nickelsen** (Nielsen) (1795-auf See 1830/1) ehelichte. Merret Mochel Knuten und Samuel Nickelsen wiederum sind die Großeltern

Tochter Thamen:

Caroline (Lina), * Keitum 10.1.1898, + ebd. 30.4.1985; unverehel.

5) **Hanna** Margaretha, * Keitum 11.11.1873, + ebd. 26.5.1956;
oo Keitum 26.5.1898 Hans Hinrich **Buchholz**[21], * ebd. 17.9.1872, + ebd. 13.11.1948, Landwirt ebd. (S.v. Hans Schwenn B., * Keitum 26.6.1833, + ebd. 28.11.1912, Landwirt ebd., 1860 Mitbegründer des „Allgemeinen Sylter Vereins"; oo Keitum 5.3.1858 Maria Elisabeth **Dirksen**, * ebd. 20.7.1836, + ebd. 13.3.1923).

Kinder Buchholz:

(1) Maria Elisabeth, * Keitum 18.8.1899, + Elmshorn (Kreis Pinneberg) in Holstein 18.5.1975;
oo Keitum 7.4.1927, den Enkel ihrer Großtante, Meinert **Johannsen**, * Keitum 6.3.1898, + Elmshorn 25.5.1960, Direktor der Gewerbeschule ebd. (S.v. **Matthias** Tobias Buchholz J., * Keitum 27.4.1854, + Rendsburg 4.5.1905, Schiffszimmermann zu Keitum; oo Keitum 7.2.1886 **Othea** Amalie **Thaysen**, * Morsum 8.2.1860, + Keitum 29.6.1943).
\- 3 Kinder -

(2) **Dorothea** Margaretha, * Keitum 25.3.1905, + ebd. 6.6.1998;
oo Keitum 26.7.1927 **Jonny** Hinrich **Matthiesen**[22], * Keitum 8.7.1905, + Flensburg 24.9.1991, Direktor der Landesfeuerwehrschule zu Harrislee bei Flensburg (S.v. **Hinrich** Meinert M., * Keitum 20.9.1854, + ebd. 9.1.1926, Landwirt ebd., vordem Kapitän bei der Deutschen Dampfschiffs-Gesellschaft Kosmos [Kosmos-Linie]; oo Keitum 1.5.1885 **Justine** Mathilde **Jendrichsen** gen. **Henningsen**, * Emmelsbüll 3.2.1865, + Keitum 25.7.1953).
\- 2 Söhne -

(3) Harald, * Keitum 21.11.1911, + ebd. 14.4.1991, Landwirt ebd.;
oo Morsum 14.5.1937 **Margarethe** Dorothea **Schröder**[23], * ebd. 16.6.1915, + Keitum 2.3.1992 (T.v. **Detlef** August Sch., * Morsum 11.10.1886, + ebd. 21.2.1959, Landwirt zu ebd., Organist und Kirchen-

---

von Sophie Severine Nielsen (1863-1935), die 1885 die Ehefrau von Hans Christian **Thomsen** (1855-1936) wurde; vgl. VI, S. 27.

[21] Hans Hinrich **Buchholz** (1872-1948) war ein Urenkel des Landschaftsarztes (Landarztes) Christian Friedrich **Buchholz** (1748-1824) aus Garding, der 1785 infolge einer auf der Insel grassierenden ansteckenden Krankheit von der Landschaft Sylt als Arzt angenommen wurde und dieses Amt bis zu seinem Tode ausübte. Sein Großvater war Hans Hinrich **Buchholz** (1797-1834), der im Dezember 1834 als Obersteuermann im englisch-französischen Kanal den Seemannstod fand. Dessen Ehefrau Merret **Buchholz**, geb. **Jensen** (1798-1873) war die jüngere Schwester von Schwenn Hans **Jensen** (1795-1855), der nach dem Studium der Rechte zunächst von 1834-1844 Bürgermeister von Kiel war und sodann zwischen 1844 und 1854 das Amt des Sylter Landvogtes bekleidete. Ein weiterer Großonkel von Hans Hinrich Buchholz (1872-1948) war Matthias Tobias **Buchholz** (1787-1856), Ratmann zu Braderup, der sein Vermögen, da er kinderlos war, der Gemeinde als Stiftung für Witwen und Waisen vermachte (Buchholz-Stiftung).

[22] Vgl. Fußnote 47 (Anhang), Auszug aus der Genealogie der Familie Matthiesen.

[23] Geschwister von Margarethe **Buchholz**, geb. **Schröder** (1915-1992):

1. **Irma** Catharina, * Morsum 19.5.1912, + ebd. 18.10.1971; unverehel.
2. **Carla** Wilhelmine, * Morsum 21.9.1913, Hebamme;
oo Morsum 16.7.1938 **Christoph** Heinrich **Thiele**, * Medelby bei Leck 15.2.1911, + Westerland 23.3.1972, Bäckermeister, Inhaber der Bäckerei Thiele ebd.
\- 1 Tochter -
3. **Carl** Wilhelm, * Morsum 24.7.1917, + gefallen am Ilmensee (Rußland) 16.9.1941, Zimmerer; unverehel.
4. **Willy** Hermann, * Morsum 15.12.1919, Kapitän und Seelotse a.D. zu Morsum, vordem zu Kiel-Holtenau, Verfasser der Schrift „Aus der Chronik des Dorfes Morsum", Westerland 1983;
oo Morsum 22.12.1942 **Anna** Pauline **Matzen**, * ebd. 30.1.1922 (T.v. **Erasmus** Marius M., * Morsum 16.11.1891, + ebd. 24.7.1979, Landwirt und Zimmermann ebd., Kirchenältester zu St. Martin, Gemeindevertreter; oo Morsum 5.3.1915 **Christine** Dürene **Klint**, * ebd. 18.2.1890, + ebd. 4.10.1973, Cousine von Ludwig **Klint** [1893-1973], vgl. S. 14). - 3 Kinder -

ältester zu St. Martin ebd.; oo Morsum 15.8.1911 Marie Sophia **Margarethe Schmidt**, * Süderbrarup [Kreis Schleswig] in Angeln 5.6.1889, + Morsum 25.6.1971).
- 2 Söhne -

6) **Peter** Andreas, * Keitum 27.6.1875, + Niebüll 8.11.1946, Tischler zu Westerland;
oo Keitum 5.1.1900 Christine Ingeline **Klein**[24], * ebd. 16.5.1878, + Westerland 10.11.1940 (T.v. **Albert** Andreas K., * Keitum 26.6.1840, + Kiel 21.3.1902, Kapitän zu Keitum; oo Keitum 28.6.1868 **Ingeline** Maria **Uwen**, * Westerland 21.10.1843, + Keitum 23.7.1891).

Kinder Aggesen:

(1) **Ingeline** Margaretha, * Westerland 18.4.1901, + Bad Harzburg 18.4.1975; unverehel.

(2) Margaretha, * Westerland 5.12.1903, + ebd. 13.10.1989;
oo Westerland 29.3.1940 Wilhelm **Gerhard Kühnemund**, * Hildesheim 7.12.1913, Kaufmann zu Westerland.
- 2 Söhne-

(3) **Albert** Dücke, * Westerland 4.8.1906, + (in Kriegsgefangenschaft) St. Raphael (Frankreich) 11.10.1945, Bankbeamter zu Westerland;
oo Eddelak in Dithmarschen 14.11.1931 Helene Mary **Harder**, * Itzehoe (Kreis Steinburg) in Holstein 18.3.1906, +..., aus Warfen bei Eddelak.
- 2 Söhne -

2. Dorothea Hans, * Keitum 18.9.1831, + ebd. 25.2.1836.

3. Sophie Hans, * Keitum 7.11.1833, + Westerland 25.2.1923;
oo Keitum 16.8.1866 Andreas Jens **Hansen**, * Morsum 25.5.1829, + Keitum 22.4.1894, Schiffer ebd. (S.v. Jens Nickels Ove Hans H., * Morsum 27.8.1792, + ebd. 23.12.1863; oo Morsum 27.6.1824 **Inge** Boh **Teidis**, * ebd. 1.10.1790, + ebd. 11.2.1867) – Er oo I. Morsum 12.3. 1854 **Dochter** Johann **Thomsen**, * Keitum 16.9.1831, + ebd. 9.6.1865.

Kinder Hansen:

1) **Dora** Ingeline Mathilde, * Keitum 9.5.1868, + ebd. 19.1.1903;
oo Keitum 12.11.1889 **Erich** Meinert **Johannsen**[25], * ebd. 27.2.1862, + ebd. 25.8.1938, Tischler, Zimmermann und Friesendichter ebd.; absolvierte in Tondern eine Tischlerlehre und verfaßte dort 1885 sein erstes Bühnenstück, engagierte sich nach seiner Rückkehr nach Keitum für die dortige Laienspielbühne sowohl als Darsteller als auch als Verfasser von Bühnenstücken in Söl'ring (über 20 Theaterstücke); ferner Verfasser von etwa 400 Dichtungen; sein Nachlaß befindet sich im Besitz der „Söl'ring Foriining e.V.“; in Keitum erinnert an ihn der „Erich-Johannsen-Wai“, S.v. Peter J., Viehhändler zu Husum, u.d. **Mina** Gerth **Fankmann**, aus Keitum - Er oo II. Keitum 10.6.1904 Anna Maria **Paulsen**, * Nordstrand 2.12.1859, + Keitum 2.10.1930.

Söhne Johannsen:

(1) Arthur, * Keitum 20.3.1890, + ebd. 8.4.1897.

(2) **Maximilian** Gerhard, * Keitum 6.6.1891, + ebd. 14.12.1948.

---

[24] Schwester von Heinrich **Klein** (1882-1938), dessen Tochter **Jenny** Ingeline **Klein** (* 1922) oo Hans **Sprössig** (* 1914); vgl. S. 28; ferner Halbschwester von Ingelina Maria **Klein** (1896-1976) oo **Carl** Bernhard **Lausten** (1887-1969); vgl. u. Wögens-Genealogie, Fußnote 47, S. 42.

[25] Vgl. Hermann Schmidt, Zur Geschichte des Syltringischen Schrifttums, in: Friesisches Jahrbuch 1961, S. 59ff. bzw. 69ff.

2) Hans Christian, * Keitum 18.7.1870, + Westerland 24.8.1939, Schiffer und Austernfischer ebd.;
oo Westerland 20.10.1895 **Meta** Katharina **Jakobsen**, * ebd. 13.12.1872, + ebd. 10.2.1952 (T.v. **Ludwig** Lorenzen J., * Scherrebeck [Dänemark] 8.12.1843, + Westerland 24.5.1893; oo Westerland 8.12.1869 Anna Christine **Cornelisen**, * ebd. 11.8.1840, + ebd. 20.1.1915).

Kinder Hansen:

(1) **Anita** Irene, * Keitum 18.7.1896, + Westerland 25.5.1950;
oo Westerland 18.11.1922 Ingwer **Bendixen**, * ebd. 29.11.1890, + ebd. 12.2.1966, Schlosser ebd., S.v. Hans B. u.d. Julie **Dircks**.

Kinder Bendixen:

a. **Marga** Julie, * Westerland 28.1.1923;
oo Westerland 9.6.1943 Alfred Karl **Thumm**, * Heilbronn am Neckar 27.2.1913, + ebd. 11.9.1983.
- 2 Kinder -

b. **Hanny** Elisabeth, * Westerland 13.6.1925;
oo Heidelberg 13.7.1946 Werner **Schwarz**, * Karlsruhe in Baden 15.1.1924; geschieden 5.11.1965.
- 1 Sohn -

c. **Wilhelm** Ingwer * Westerland 16.3.1931, Croupier i.R.;
oo Bad Neuenahr 18.4.1962 **Elke** Gertrud **Bressem**, * Hamburg 30.7.1937.

(2) Ludwig, * Keitum 12.9.1897, + Westerland 19.5.1961, Schiffer, Vormann der Rettungsstation List/Sylt der Deutschen Gesellschaft zur Rettung Schiffbrüchiger seit 1925, Rettungsmann seit 1919;
oo Westerland 30.9.1925 **Frieda** Nikoline **Carstensen**, * ebd. 11.2.1906, + ebd. 10.1.1985, T.v. Bernhard Martin C., Zimmermann ebd., u.d. Molly Petrea **Wachsmuth.**

Kinder Hansen:

a. **Hans** Ludwig Bernhard, * Westerland 4.4.1927, + Altenholz bei Kiel 26.7.1999, Kapitän und Seelotse zu Kiel-Holtenau;
oo Westerland 27.5.1950 **Charlotte** Elfriede **Growitz**, * Lyck in Ostpreußen 20.7.1931 (T.v. **Ernst** Rudolf G., * Fischhausen in Ostpreußen 18.12.1903, + Bad Homburg vor der Höhe 22.10.1972, Ingenieur, u.d. Helene **Frisch**, * Lyck 10.9.1904, + Heiligenbeil in Ostpreußen 9.2.1945).
- 3 Kinder -

b. **Christa** Stephanie, * Westerland 23.10.1939, + ebd. 16.12.1960;
oo Westerland 13.9.1958 **Uwe** Friedrich **Leißner**, * Kiel 5.6.1937.
- 2 Kinder -

(3) **Andreas** Jens, * Westerland 18.8.1901, + Hamburg 24.12.1978, Seefahrer;
oo Hamburg-Altona 8.4.1946 **Käthe** Frieda Berta **Blädel**, * Altona bei Hamburg 31.3.1906, + Hamburg 5.10.1983, T.v. Ernst B., Maler zu Altona, u.d. Emma Katharina Maria **Schlößer**.
- 1 Adoptivtochter -

(4) **Arthur** Siegfried, * Westerland 19.1.1903, + ebd. 15.5.1979, Vormann (1939-1948) der Rettungsboote „Hamburg", „Ladisch Benk" und „Mers" der Deutschen Gesellschaft zur Rettung Schiffbrüchiger, Vormann der Seenotstelle Westerland/Sylt, Rettungsmann seit 1928;
oo Westerland 26.10.1929 **Mary** Wilhelmine **Grönlund**, * Kiel 25.4.1907, T.v. Christian G., Maler, u.d. Louise **Erichsen**.

Kinder Hansen:

a. Herbert, * Westerland 11.7.1931, Kapitän ebd.;
oo Westerland 2.11.1962 **Marion** Karin Martha **Witt**, * Hamburg-Altona 4.9.1938. - 2 Kinder -

b. Fritz, * Westerland 12.8.1934, Gastwirt zu Keitum, Inhaber der Bahnhofsgaststätte ebd.;
oo Hamburg 26.8.1957 **Helga** Lotte Erika **Meyer**, * ebd. 9.9.1935, T.v. Walter Richard M. u.d. Stanislava **Bielak**.
- 3 Kinder -

c. Gunda, * Westerland 23.11.1941;
oo Westerland 14.6.1968 Heinz **Petersen**, * Kappeln 18.6.1923, Kaufmann.
- 2 Kinder -

(5) Sophie, * Westerland 12.6.1905;
oo Hamburg 27.6.1925 **Paul** Christian **Inselmann**, * Neumünster in Holstein 31.7.1903, + Hamburg 12.12.1981, Taxenunternehmer ebd., S.v. Christian Friedrich I., Zimmermann zu Neumünster, u.d. Dorothea Henriette Marie **Bötel**; kinderlos.

(6) **Helene** Marie, * Westerland 22.8.1909;
oo Westerland 27.8.1933 Josias **Klüwer**, * Niebüll 8.5.1907, + Schleswig 23.2.1985, Kaufmann zu Westerland, S.v. Ludolph Martin K., Gastwirt zu Niebüll, u.d. Marie Christine **Hansen**.

Tochter Klüwer:

Jutta Doris, * Westerland 28.1.1938;
oo Westerland 21.11.1960 Jeremy **Bartlett**, * Southampton, Grafschaft Hampshire (England), 14.4. 1938, Hochbau-Ingenieur.
- 3 Kinder-

Kinder Thomsen, zweiter Ehe:

4. **Momke** Dorothea, * Keitum 5.1.1841, + ebd. 27.4.1901[26]; unverehel.

5. **Niels** Lorenz, * Keitum 6.9.1842, + auf der Reise von Puerto Cabello (Venezuela) nach Hamburg 21.6.1859.

6. **Peter** Hans, * Keitum 19.5.1846, + ebd. 1.5.1875.

7. **Herrlich** Catharina, * Keitum 13.1.1849, + Westerland 7.6.1908;
oo Keitum 18.5.1877 Hans **Hansen**[27], * ebd. 3.6.1845, + Westerland 19.1.1901, Kapitän ebd. (S.v. Franz H., * Wilsleff [Amt Tondern] 11.8.1816, + Keitum 18.12.1895, Fuhrmann ebd.,

---

[26] Der Grabstein von Momke Thomsen befindet sich noch heute auf dem Nielsen-Thomsen-Borstelmannschen Familiengrab auf dem Friedhof zu Keitum. Portraitbildnisse von Momke Thomsen und ihrem Verlobten Wilhelm Andreas **Behrendsen** (1840-vor 1879 [in der Ferne]), mit dem sie aufgrund seines Todes in der Ferne nicht die Ehe schloß, befinden sich im Besitz des Herausgebers.

[27] Geschwister von Kapitän Hans **Hansen** (1845-1901):

1. Thies, * Keitum 12.12.1846, + auf See an Bord des Schiffes „Albanus" 8.6.1873.
2. **Martin** Andreas, * Keitum 12.9.1852, + Westerland 31.10.1924, Kapitän ebd.;
oo I. Westerland 14.9.1879 Gondeline Maria **Deutscher**, * ebd. 4.8.1855, + ebd. 7.12.1890 (T.v. Bleik Peter D., * Westerland 8.8.1799, + ebd. 9.2.1858; oo Westerland 29.5.1853 **Dürken** Jensen **Grawe**, * Kampen 28.4.1821, + Westerland 23.6.1885); Schwester von Irene Elisabeth **Deutscher**; vgl. u. Wögens-Genealogie, Fußnote 47, S. 44.
oo II. Westerland 16.3.1894 **Engel** Luise **Momsen**, * Osterklanxbüll 13.11.1854, + Westerland 24.3.1910, T.v. **Lorenz** Obsen M., Landwirt zu Osterklanxbüll, u.d. Maria Hedwig **Obsen** (Cousine ihres Ehemannes).
Kinder Hansen, erster Ehe:
1) **Friedrich** Bernhard Theodor, * Westerland 29.3.1884, + ebd. 10.3.1970, Kapitän ebd.;
oo Keitum 20.2.1920 **Catharina** Elisabeth **Boysen**, * ebd. 17.8.1887, + Westerland 23.8.1970 (T. v. Adolph B., * Keitum 27.11.1844, + ebd. 25.6.1913, Landwirt, Gemeindevorsteher, Kirchenältester und

1834 nach Sylt gekommen; oo Keitum 29.4.1845 **Moiken** Martin **Lorenzen**, * Tinnum 18.7. 1820, + Keitum 18.12.1895).

Kinder Hansen:

1) **Christine** Mathilde, * Keitum 17.7.1875[28], + Westerland 9.4.1949; oo Westerland 3.11.1899 **Anton** Amandus **Volquardsen**[29], * Großhallig bei Neukirchen 23.2.1870, + Westerland 23.10.1939, Sparkassendirektor ebd., S.v. Hans Redlef V., Landwirt zu Großhallig, u.d. Marie Elise Hedwig **Andresen**.

Kinder Volquardsen:

(1) **Hans** Hansen Redlef, * Westerland 23.8.1900, + Hamburg 13.4.1969, Sparkassendirektor zu Westerland; oo Meiningen 27.5.1927 Martha **Schmidt**, * Vieselbach (Kreis Weimar) 27.12.1903, + Westerland 20.5.1996 (T.v. Max **Oswald** Sch., * Pethau [Kreis Zittau] in Sachsen 3.6.1881, + Vieselbach 30.11. 1956, Reichsbahnwerkmeister; oo Vieselbach im Januar 1903 Emma **Selma** Minna **Heße**, * ebd. 19.4. 1882, + ebd. 20.4.1950).

Kinder Volquardsen:

a. Jutta, * Vieselbach 7.2.1929; oo Westerland 19.4.1952 Friedrich Josef August **Platzbecker**, * Aachen 10.3.1928, Rechtsanwalt; geschieden 18.12.1970.
- 1 Tochter -

Strandhauptmann ebd.; oo Keitum 4.5.1866 **Gondel** Jenny **Franzen**, * ebd. 14.2.1844, + ebd. 19.5. 1927).
- 2 Kinder -

2) Diedrich **Julius**, * Westerland 29.7.1885, +..., Bäckermeister zu Güstrow in Mecklenburg; oo..., keine weiteren Nachrichten.
3) Bleick Thies, * Westerland 28.5.1887, + Westerland 1.10.1894.
4) Max, * Westerland 18.6.1889, + (infolge Verwundung) Gebweiler (Frankreich) 20.1.1915, Postassistent, Offizierstellvertreter im Inf.-Rgt. 84, 5. Corps.
5) Theodor Gottfried, * Westerland 19.11.1890, + ebd. 28.9.1894.

Kinder Hansen, zweiter Ehe:

6) **Louise** Marie, * Westerland 13.2.1895, + ebd. 6.12.1977; unverehel.
7) **Lorenz** Obsen, * Westerland 7.7.1896, + gefallen an der Somme (Frankreich) 18.9.1916.

3. **Ingwer** Gustav, * Keitum 8.5.1855, + ebd. 21.1.1928; oo Keitum 18.9.1894 Jenny Mathilde **Jansen**, * ebd 10.4.1854, + ebd. 23.7.1918 (T.v. Jan Meinert J., * Keitum 12.2.1806, + ebd. 19.2.1880, Seefahrer ebd.; oo Keitum 12.2.1840 **Mina** Albert **Jansen**, * ebd. 28.8.1815, + ebd. 6.2. 1874; Schwester von **Dürken** Owe **Jansen**; vgl. S. 12).
4. Jendre Bernhard, * Keitum 8.2.1858, + ebd. 5.4.1868.
5. **Mathilde** Friederike, * Keitum 17.11.1860, + ebd. 28.9.1960; oo Keitum 29.6.1894 **Hans** Schmidt **Rasmussen**, * ebd. 1.7.1866, + ebd. 1.6.1948, Landwirt ebd. (S.v. **Peter** Lorenz R., * Keitum 5.4.1833, + ebd. 5.6.1904, Fuhrmann ebd.; oo Keitum 14.11.1859 **Hanna** Hansen **Schmidt**,* ebd. 30.9.1830, + ebd. 5.11.1898).
Tochter Rasmussen:
Martha Hanna, * Keitum 15.9.1897, + Westerland 19.4.1965; unverehel.

[28] Im Keitumer Taufregister lautet der Eintrag bei Christine Mathilde **Hansen**: „Nachdem der Vater des abwesenden Bräutigams für sich und im Namen seines Sohnes die Taufe des Kindes auf den Namen Hansen gebilligt, resp. begehrt, ist das Kind so getauft, zumal die Eheschließung seitens der Brautleute im vorigen Herbst beabsichtigt und nur durch die unerwartete Abreise des Bräutigams gehindert wurde, weil zu spät beim Standesamt beantragt".

[29] Vgl. Sönnich Volquardsen, Großhallig – Hülltoft – Dötgebüll. 3 Höfe und ihre Familien, in: Zwischen Eider und Wiedau, Heimatkalender für Nordfriesland 1980, S. 142ff.

b. Uwe, * Flensburg 19.3.1938, Kaufmann zu Westerland;
oo I. Westerland 6.2.1960 **Brigitta** Ingrid **Bürger**, * ebd. 19.4.1941 (T.v. **Walter** Hans B., * Gotha 4.7.1914, + Westerland 8.12.1988, Bauingenieur ebd.; oo Pinneberg in Holstein 30.9.1939 **Erna** Elena **Abeling**[30], * Westerland 8.10.1912, + Bredstedt 8.9.1996); geschieden 3.3.1983;
oo II. Westerland 11.1.1984 Annelie **Nissen**, * Flensburg 6.2.1948, T.v. **Jacob** August N., Meiereimeister ebd., u.d. Maria Margaretha **Green**. - 2 Söhne aus erster Ehe -

(2) Hertha **Marie** (Mimi), * Westerland 27.11.1901, + ebd. 28.4.1963;
oo Westerland 7.1.1953 Erwin **Krause**, * Breslau 23.7.1901, + Westerland 11.11.1953.

2) Mathilde Janette, * Keitum 2.3.1878, + ebd. 9.1.1879.

3) **Friedrich** Theodor, * Keitum 8.9.1881, + Hamburg 18.10.1962, Kapitän ebd.; keine weiteren Nachrichten.

4) **Mathilde** Jeanette, * Keitum 13.9.1883, + Berlin 25.11.1944;
oo Westerland 1.10.1910 **Heinrich** Nicolai **Martens**, * ebd. 23.3.1883, + Kiel 11.10.1970, Maschinentechniker zu Berlin, vordem zu Elbing in Westpreußen (S.v. Johann Heinrich M., * Mögeltondern 25.12. 1854, + Westerland 28.4.1915, Stadtkassierer ebd; oo Westerland 5.10.1880 Nicoline **Petersen**, * Moiburg/Burkal 5.6.1863, + Westerland 25.12.1946).

Söhne Martens:

(1) Hans Heinrich, * Berlin 5.8.1914, + Kiel 4.3.1990, Diplom-Ingenieur ebd.;
oo Kiel 17.5.1946 Erika **Linek**, * Ludwigshafen am Rhein 5.12.1917.
- 3 Kinder -

(2) **Karl** Herbert, * Berlin 29.1.1917, + Kiel 8.8.1995, Lehrer ebd.;
oo Kiel 6.9.1941 **Ruth** Martha Meta **Tiettje**, * Kiel 12.10.1919, T.v. Heinrich Nikolaus T., zu Kiel, u.d. Klara Auguste **Leipold**.
- 1 Sohn -

(3) Horst, * Berlin 13.1.1921, + ebd. 23.7.1976, Autoschlosser ebd.;
oo I...1941 Edith **Kästner**, * Berlin 21.11.1923, + ebd. 16.6.1989; geschieden;
oo II...Regina **Vietzke**, *...23.4.1938.
- 4 Kinder-

5) **Helene** Caroline, * Keitum 23.7.1886, + Hamburg-Rissen 3.5.1974;
oo Keitum 23.8.1912 Hans Peter **Heinrich Schwerdt**, * Tellingstedt (Kreis Heide) in Holstein 20.3.1885, + Hamburg-Rissen 19.11.1964, Kapitän zu Hamburg, war 1912 Kapitän zu Kiel-Holtenau.

Kinder Schwerdt:

(1) **Wilma** Henny Helene, * Hamburg 22.6.1913, + Westerland 31.8.1985;
oo Hamburg 9.12.1939 **Karl** Lorenz **Gilsing**, * Bochum 16.10.1909, + Hamburg 12.3.1989, Dr. med., Arzt zu Hamburg.
- 2 Kinder -

(2) **Helmut** Heinrich, * Hamburg 12.8.1919, + ebd. 2.5.1998, Diplom-Ingenieur ebd.;
oo I...; geschieden;
oo II ...Ursula **Meinke**, * Stralsund 8.5.1922; geschieden.
- 1 Sohn erster Ehe -

6) Thies, * Keitum 27.2.1888, + gefallen in Galizien 19.6.1915, Kaufmann.

7) Peter Herrmann, * Westerland 17.9.1889, + ebd. 20.12.1889.

---

[30] Vgl. Fußnote 47, Auszug aus der Genealogie der Familie Abeling und verwandter Familien.

8) **Hertha** Hansine, * Westerland 7.11.1890, + ebd. 30.1.1980;
oo Hamburg 18.2.1913 **Otto** Heinrich **Weigt**, * Zduny (Provinz Posen) 22.11.1867, + Westerland 13.4. 1947; kinderlos.

9) **Paula** Henriette, * Westerland 27.5.1892, + Berlin...1945, Hausdame bei Kapitän Carl Christiansen („Käpt'n Corl", 1864-1937) zu Westerland; unverehel.

8. Hans Christian, * Keitum 20.9.1855, s. VI.

VI Hans Christian **Thomsen**, * Keitum 20.9.1855, + ebd. 3.3.1936, Landwirt und Schiffszimmermann ebd., Besitzer einer Werft zu Munkmarsch[31]; Ausbildung zum Schiffszimmermann zu Wewelsfleth (Kreis Steinburg); mit ihm erlischt die aus Rodenäs stammende Familie Thomsen auf Sylt im Mannesstamm;
oo Keitum 16.1.1885 **Sophie** Severine **Nielsen**, * ebd. 13.10.1863, + ebd. 21.3.1935 (T.v. Jürgen Jens N., * Keitum 5.2.1830, + ebd. 23.2.1908, Schiffer und Seefahrer, Landwirt ebd.; oo Keitum 6.6.1862 **Caroline** Boy **Wögens**[32], * ebd. 27.3.1831, + ebd. 17.1.1904).

Kinder Thomsen:

1. **Caroline** (Lina) Mathilde, * Keitum 26.2.1885, + Morsum 15.7.1988;
oo Keitum 14.10.1910 Bernhard **Thiessen**[33], * Morsum 20.11.1887, + Westerland 21.4.1948, Landwirt zu Morsum (S.v. Boy Simon T., * Morsum 1.8.1843, + ebd. 12.4. 1923; oo Morsum 1.4.1870 Margarete Annaline **Claasen**, * ebd. 29.4.1848, + ebd. 20.2.1937).

Kinder Thiessen:

1) **Margarethe** Betty, * Morsum 29.4.1918;
oo Morsum 17.10.1936 **Anton** Martin **Meinertz**, * ebd. 16.3.1912, + Westerland 25.8.1981, Malermeister zu Morsum (S.v. **Otto** Martin M., * Morsum 21.9.1881, + ebd. 24.2.1953, Landwirt ebd.; oo Morsum 23.5. 1911 Gondeline Amanda **Matzen**[34], * ebd. 2.4.1888, + ebd. 12.9.1944).
- 3 Kinder -

2) **Boy** Simon, * Morsum 7.5.1921, Landwirt ebd.;
oo Morsum 4.8.1949 **Hildegard** Rita Elwine **Bruhs**, * Düssin (Kreis Cammin) in Pommern 4.8.1929 (T.v. Erich Emil B., * Triebsow [Kreis Cammin] 23.4.1902, + Westerland 9.10.1978, Landwirt; oo Jassow [Kreis Cammin] 20.8.1926 Maria Therese **Affeldt**, * Emilienhof [Kreis Cammin] 13.4.1901, + Westerland 11.4. 1984).
- 1 Tochter -

2. **Christine** Marie, * Keitum 20.4.1886, + Hennstedt (Kreis Steinburg) in Holstein 20.2.1968;
oo Keitum 24.2.1911 **Hugo** Ernst Hinrich **Borstelmann**, * Wakendorf II (Kreis Segeberg) in Holstein 11.8.1882, + Hennstedt 10.3.1975, Kaufmann, Gründer und Inhaber der Firma „Hugo Borstelmann & Sohn" ebd., vordem „Gebrüder Borstelmann"; er war, bevor er sein eigenes Geschäft begründete, Kommis der Firma „H.B. Jensen" zu Westerland (S.v. Johannes **Adolf** B.,* Bergstedt [Kreis Stormarn], heute Hamburg, 6.3.1853, + Wakendorf II 24.5.1935,

---

[31] Vgl. K.H. Walloch, Das Fährhaus Munkmarsch a. Sylt. Geschichte in Geschichten, Morsum 1999, S. 24f.
[32] Vgl. u. Wögens-Genealogie, S. 54f.
[33] Bruder von Boy **Thiessen** (1875-1942) oo Clara Henriette **Thiesen** (1876-1951), deren Tochter: **Inken** Margarethe **Thiessen** (1905-1988) oo Karl **Fink** (1902-1994); vgl. S. 15.
[34] Schwester von **Erasmus** Marius **Matzen** (1891-1978) oo **Christine** Dürene **Klint** (1890-1973), deren Tochter: **Anna** Pauline **Matzen** (* 1922) oo **Willy** Hermann **Schröder** (* 1919); vgl. Fußnote 23, S. 21.

Kaufmann, Gründer und Inhaber der Gemischtwarenhandlung „J.A. Borstelmann“ ebd.; oo...8.3.1881 Minna Marie **Magdalena Teegen**, * Stuvenborn [Kreis Segeberg] 22.8.1856, + Wakendorf II 7.12.1931).

Kinder Borstelmann:

1) **Adolf** Hans, * Hennstedt 21.11.1911, + ebd. 30.9.1997, Kaufmann, Inhaber der Firma „Hugo Borstelmann & Sohn“ ebd.;
oo Hennstedt 23.3.1940 **Herta** Alwine **Jöns**, * Armstedt (Kreis Segeberg) in Holstein 10.8.1915, T.v. Johann J., Landwirt, u.d. **Alwine** Emma Dorothea **Zornig**.
- 2 Söhne -

2) **Sophie** Magdalena, * Hennstedt 29.1.1913, + Lägerdorf (Kreis Steinburg) 11.2.1999;
oo Hennstedt 1.4.1934 **Kurt** Walter **Treudler**, * Lägerdorf 19.8.1909, + ebd. 14.8.1999, Kaufmann ebd., S.v. Johannes T., Kaufmann, Inhaber der Firma „Johs. Treudler“ zu Lägerdorf.
- 3 Kinder -

3. **Hulda** Christiane, * Keitum 14.6.1887, + ebd. 16.4.1976;
oo Keitum 16.8.1912 Ernst **Max Sprössig**, * Wermsdorf in Sachsen 29.3.1885, + Keitum 19.3.1951, Bankbeamter zu Waldenburg in Schlesien, S.v. Friedrich Ernst S. (1846-1929), zu Wermsdorf in Sachsen.

Söhne Sprössig:

1) **Hans** Ernst, * Waldenburg in Schlesien 7.8.1914, Berufssoldat a.D. zu Keitum;
oo Keitum 4.4.1953 **Jenny** Ingeline **Klein**, * ebd. 7.8.1922 (T.v. **Heinrich** Conrad K.[35], * Keitum 9.2.1882, + Niebüll 13.12.1938, Landwirt zu Keitum, u.d. **Margarethe** Elisabeth **Sobiela**, * Keitum 27.6.1884, + ebd. 17.12.1968[36]).
- 3 Kinder -

2) Uwe, * Waldenburg in Schlesien 21.7.1920, + vermißt im Osten 1945.

4. Wilhelm, * Keitum 20.7.1888, + auf See vor List beim Bergen von Strandholz 1.11.1922[37]; unverehel.

5. Jürgen, * Keitum 17.11.1889, + auf See vor List beim Bergen von Strandholz 1.11.1922[38]; Schiffszimmermann, Ausbildung zu Wewelsfleth (Kreis Steinburg); unverehel.

6. **Martha** Henriette, * Keitum 25.9.1891, + Morsum 7.4.1967;
oo Keitum 9.8.1921 **Carl** Emil **Volquartzen**, * Archsum 3.3.1894, + Morsum 22.7.1974, Landwirt ebd., S.v. **Carsten** Jensen V., Landwirt zu Archsum, u.d. Catharine **Cornelia Bleicken**.

---

[35] Bruder von Christine Ingeline **Klein** oo **Peter** Andreas **Aggesen** (1875-1946); vgl. S. 22; ferner Halbbruder von Ingelina Maria **Klein** (1896-1976) oo **Carl** Bernhard **Lausten** (1887-1969); vgl. u. Wögens-Genealogie, Fußnote 47, S. 42.

[36] T.v. Andreas Andersen S., * Keitum 2.2.1859, + ebd. 20.3.1892, oo Keitum 2.11.1883 Jenny **Clemenz**, * ebd. 6.7.1858, + ebd. 31.1.1942 (T.v. Boy Hans C., Zimmermann zu Keitum, u.d. **Gondel** Albert **Friede**); Nichte von Peter Thies **Clemenz**; vgl. Fußnote 17, S. 20.

[37] Die Brüder Wilhelm und Jürgen Thomsen wurden vom preußischen Amtsgericht zu Westerland am 6.2.1924 für tot erklärt, datiert auf den 2.11.1922.

[38] Vgl. Fußnote 37.

Sohn Volquartzen:

Carl Conrad, * Morsum 12.11.1922, Kaufmann;
oo Westerland 17.5.1958 **Gerda** Johanna **Hohm**, * Neuthal bei Posen 3.1.1929 (T.v. Paul Hermann H., * Steinhorst [Kreis Neutomischel], Provinz Posen, 5.9.1893, + Westerland 19.2.1985, Landwirt zu Neuthal; oo Neuthal 10.4.1923 **Emma** Anna Adelheid **Freitag**, * ebd. 5.1.1900, + Morsum 10.3.1994).
- 3 Kinder -

7. **Sophie** Severine, * Keitum 21.3.1893, + ebd. 30.11.1986;
oo Keitum 25.3.1926, den Bruder ihres Schwagers, **Ludwig** Johann Joachim **Borstelmann**[39], * Wakendorf II 21.6.1888, + (unter der NS-Regierung ermordet) KZ Groß Rosen in Schlesien 9.10.1942, Kaufmann, 1908-1910 und 1914-1920 in Argentinien, seit 1927 Geschäftsführer der Spar- und Darlehnskasse zu Keitum; in Keitum erinnert an ihn seit 1972 der „Ludwig-Borstelmann-Wai", S.v. Johannes **Adolf** B., Kaufmann zu Wakendorf II, u.d. Minna Marie **Magdalena Teegen**, vgl. o. VI 2; vgl. u. Anhang.

Söhne Borstelmann:

1) **Wilhelm** Jürgen, * Keitum 13.6.1927, Landwirt ebd., Kantor von St. Severin (1952-1992), Kirchenvorsteher, Träger der Schleswig-Holstein-Medaille (in Anerkennung seiner Verdienste um das Sylter Musikleben); Herausgeber dieser Schrift;
oo Keitum 14.10.1966 **Waltraut** Paula Liesbeth **Becker**, * Bremen 11.7.1929 (T.v. Gustav **Georg** B., * Laskowitz [Kreis Ohlau] in Schlesien 22.5.1901, + Hamburg 19.1.1987, Versicherungskaufmann ebd., Mitglied der Geschäftsleitung der Deutschen Angestellten-Krankenkasse [DAK]; oo Bremen 5.3.1927 Anna **Behrens**, * Osterwieck am Harz [Kreis Halberstadt] 20.2.1903, + Hamburg 27.5.1987).
- 3 Kinder -

2) **Hans** Schwenn, * Keitum 22.3.1934, Kirchenmusiker und Uhrmachermeister zu Westerland, Organist an St. Jürgen zu List seit 1984, vordem 1968-1984 Kantor und Organist zu Deezbüll bei Niebüll, 1958-1960 Studium an der Musikakademie zu Lübeck;
oo Westerland 23.6.1962 **Elsa** Luise **Hegwer**, * ebd. 23.8.1934 (T.v. Paul Otto **Kurt** H., * Liegnitz in Schlesien 28.3.1903, + Westerland 25.9.1994, Bau- und Kunstschlosser, Elektromonteur ebd.; oo Keitum 22.8.1929 Frida **Siewertsen**, * ebd. 3.10.1902, + Westerland 18.4.1998 [T.v. Hans S., * Nordstrand 31.3.1865, + Keitum 7.8.1942, Schiffer und Tonnenleger[40] ebd.; oo Nordstrand 3.7.1891 **Magdalena** [Magda] Maria **Bahnsen**, * ebd. 27.11.1866, + Keitum 11.3.1930[41]]). - 2 Kinder -

---

[39] Vgl. Sönnich Volquardsen, Lebensspuren eines „Schutzhäftlings", Das Schicksal Ludwig Borstelmanns, in: Nordfriesisches Jahrbuch, Band 34, 1998, S. 9ff.; Paul-Heinz Pauseback, Übersee-Auswanderer aus Schleswig-Holstein, Husum 2000, S. 126f.

[40] Tonnen sind als Seezeichen dienende, verankerte und mit Markierung versehene Schwimmkörper.

[41] Kinder Siewertsen:

1. **Hedwig** Maria, * Keitum 3.1.1894, + ebd. 21.8.1981, betrieb eine Kolonialwarenhandlung im Hause Siewertsen ebd.;
oo Keitum 20.9.1919 Paul Richard **Willy Hegwer**, * Liegnitz in Schlesien 21.11.1891, + Keitum 31.3.1965, Musiker (S.v. Oswald Paul August H., * Liegnitz 1.11.1864, + Schkopau bei Merseburg in Sachsen 24.9. 1947, Bürovorsteher zu Liegnitz; oo Liegnitz 15.2.1890 Anna Wilhelmine Emma Mathilde **Neugebauer**, * Polnisch-Würbitz [Kreis Kreuzburg] in Oberschlesien 15.10.1863, + Liegnitz 26.11.1926).
- 2 Kinder -
2. **Carsten** Christian, * Keitum 17.7.1896, + New Castle (Australien) 17.5.1914, Seefahrer.
3. **Louise** Dorothea, * Keitum 14.5.1898, + Dallas, Oregon (USA), 2.10.2000;
oo Dallas...1925 **Cornelius** Erhard **Jepsen**, * Archsum 16.7.1891, + Dallas...1985, S.v. Julius Jürgen J. u.d. Maria Dorothea **Sparboom**.
- 3 Kinder -
4. Christian, * Keitum 7.10.1899, + Brunsbüttel in Dithmarschen 30.10.1985, Kapitän und Seelotse ebd.;

III c Hemme **Andresen**, * Hoddebüll Deich bei Emmelsbüll 10.1.1718, + ebd. 17.6.1783; oo Emmelsbüll 22.6.1752 Ancke **Andresen**, * ebd. 17.3.1725, + Hoddebüll Deich 16.7.1776, T.v. Andreas **Jacobsen** u.d. Dorothea **Andresen**.

Kinder Hemsen:

1. Andreas, * Hoddebüll Deich 24.10.1753, + ebd. 18.11.1809;
   oo Emmelsbüll 14.5.1784 Anna **Asmussen**, * ebd. 30.12.1758, +..., T.v. Asmus **Petersen** u.d. Agatha **Paysen**; kinderlos.

2. Dorothea, * Hoddebüll Deich 8.6.1756, + ebd. 6.10.1783; unverehel.

****

---

oo Westerland 23.9.1927 **Erna** Marie **Thiede**, * Westerland 4.6.1905, + Brunsbüttel 21.8.1988 (T.v. **Hermann** Christian Heinrich T., * Hagenow in Mecklenburg 28.5.1863, + Westerland 28.4.1944, Jagdführer und Präparator ebd.; oo Westerland 3.10.1890 Maay [Mai] **Peters**, * ebd. 12.3.1865, + ebd. 27.10.1950).
- 3 Kinder -

5. Frida, * Keitum 3.10.1902, + Westerland 18.4.1998;
   oo Keitum 22.8.1929, den Bruder ihres Schwagers, Paul Otto **Kurt Hegwer**, * Liegnitz 28.3.1903, + Westerland 25.9.1994; vgl. o.
6. **Ipke** Johannes, * Keitum 17.6.1904, + ebd. 21.9.1916.
7. **Anna** Maria, * Keitum 7.8.1906, + ebd. 9.12.1996, Webmeisterin ebd., betrieb im Haus Siewertsen eine Weberei; unverehel.

II. DIE SYLTER FAMILIE WÖGENS VON DER INSEL FÖHR

EINFÜHRUNG

Die Familie Wögens hat ihre Ursprünge auf der Insel Föhr. Stammvater ist Wögen Jürgens (vgl. I, S. 35), der um die Mitte des 17. Jahrhunderts zu Goting auf Föhr ansässig war. Die nächsten zwei Generationen waren ebenfalls auf Föhr ansässig, bis der Landmesser Nickels Wögens (1745-1808, vgl. IV, S. 35) gegen Ende des 18. Jahrhunderts mit seiner Familie von Föhr nach Keitum auf die Insel Sylt übersiedelte und somit zum Stammvater der Familie Wögens auf Sylt wurde.

Sohn des Landmessers war Wögen Nickels Wögens (1774-1818, vgl. V, S. 48), der als Kgl. dän. Grenzaufseher beim Hafen zu Brunsbüttel starb und aus seiner Ehe mit Inge Boysen Becker (1775-1840), der Tochter des Keitumer Bäckers, Posthalters und Ufervogtes Boh Jens Friedrichsen (1736-1824), insgesamt sieben Kinder hatte, die ersten auf Sylt geborenen Wögens-Nachkommen, von denen allerdings lediglich der Sohn Boy Wögens (1798-1839, vgl. VI, S. 53) und die Tochter Karen Wögens (1803-1890, vgl. V 3, S. 50) aus ihrer Ehe mit Berend Johannsen (1803-1855) Nachkommen hatten. Zu den Johannsen-Nachkommen gehörte insbesondere Dora Johannsen (1908-1995), die seit 1930 mit dem Friesischen Dichter und Sprachforscher Hermann Schmidt (1901-1979) verheiratet war, der als Verfasser zahlreicher heimatkundlicher Publikationen bekannt geworden ist.

Der bereits erwähnte Boy Wögens (1798-1839, vgl. VI) heiratete 1827 Maren Simon Rohde (1801-1878), eine Nachfahrin der im 17. Jahrhundert an der Keitumer Kirche St. Severin wirkenden Pastoren Joachim Rhaneus (1595-1675) und dessen Nachfolger und Schwiegersohn Jacob(us) Cruppius (1637-1708), von denen letzterer nicht nur als Stifter der Kanzel von St. Severin (1699), sondern auch als Verfasser einer Chronik in die Sylter Geschichte eingegangen ist. Boy und Maren Wögens hatten fünf Kinder, von denen drei in jugendlichem Alter starben, so daß nur die älteste Tochter Caroline Boy Wögens (1831-1904, vgl. VI 2, S. 54) aus ihrer Ehe mit Jürgen Jens Nielsen (1830-1908), also meine Urgroßeltern, und die Söhne Schwenn Wögens (1833-1920, vgl. VII a, S. 59) und Peter Wögens (1837-1877, vgl. VII b, S. 64) Nachkommen hatten. Durch die Heirat von Caroline Boy Wögens mit Jürgen Jens Nielsen trat das Geschlecht der Lornsen in den Verwandtenkreis der Familie Wögens ein. Carolines Schwiegermutter, Merret Nielsen, geb. Knuten (1793-1881), war eine Cousine des Kgl. dän. Kanzleirates und Sylter Landvogtes Uwe Jens Lornsen (1793-1838; vgl. Fußnote 65).

Schwenn Wögens (1833-1920, vgl. VII a, S. 59), mit dessen Tod die Sylter Linie der Familie Wögens im Mannesstamme erloschen ist, wurde Kapitän und war zwischen 1876 und 1903 fast drei Jahrzehnte Inspektor der Deutschen Dampfschiffs-Gesellschaft Kosmos (Kosmos-Linie) zu Hamburg. Durch seine Heirat mit Jenny Maria Lornsen (1844-1884), einer Nichte von Uwe Jens Lornsen, wurde eine weitere Verbindung zwischen den Familie Wögens und Lornsen begründet.

Peter Wögens (1837-1877, vgl. VII b, S. 64) wurde Schullehrer in den Sylter Norddörfern und heiratete Caroline Meinert Bleicken (1837-1876), die Tochter des Bauernvogtes der Norddörfer, die ihrem Mann im Tode vorausging und ihn mit zwei kleinen Söhnen zurückließ, über deren

Schicksal nach dem Tode des Vaters nur ein knappes Jahr nach der Mutter bisher keine Nachrichten vorliegen.

Für die Erstellung der nachfolgenden Stammfolge, die ebenso wie die Thomsen-Genealogie grundsätzlich auch die Töchternachkommen berücksichtigt, um die vielfältigen genealogischen Verbindungen innerhalb der Sylter Familien aufzuzeigen, wurde, neben umfangreichen Materialien und Dokumenten aus meinem Archiv – z.B. Abschriften aus den Kirchenbüchern der evangelisch-lutherischen Gemeinde Keitum – sowie zahlreichen Materialien über die Ursprünge der Familie Wögens aus der Ferring-Stiftung, Alkersum auf Föhr, folgende **QUELLEN** hinzugezogen:

Krohn, Hugo: Uwe Jens Lornsens Vorfahren, in: Die Sippe der Nordmark, Folge 2, Kiel 1938

Möller, Rudolf, Die Pastoren der evangelisch-lutherischen Kirchengemeinde Keitum (Sylt) und ihre Familien, in: Zeitschrift für Niederdeutsche Familienkunde, Heft 4/1991, S. 392ff.

Schmidt-Eppendorf: Peter, Sylt, Memoiren einer Insel. Dokumente, Chroniken, Berichte aus 1001 Jahr, Husum 1977 (Abdruck der Chronik des Pastors Cruppius)

Schmidt-Rodenäs, Karl, Alt-Morsumer Geschlechter, Eckernförde 1980

Schmidt-Rodenäs: Karl, Sylter Geschlechter um und nach Lorenz Petersen de haan, Bredstedt 1981

Spreckelsen, Rolf: Chronik der Norddörfer auf Sylt, Bd.1-4, Bräist/Bredstedt (1981) und Keitum/Sylt (1991/92)

Voß, Erich und Erika: Die Stavenbesitzer und ihre Familien im alten Keitum (1709-1875), Lübeck 1987

Voß, Erich: Frödde Frödden, Fürstlicher Landvogt der Landschaft Sylt von 1623 bis 1635 und seine Familie, in: Nordfriesisches Jahrbuch, Band 29, 1993, S. 53ff.

Weitere Literatur- und Quellenhinweise sind im Text integriert.

Haus Nielsen zu Keitum auf Sylt
Photographie von ca. 1900

Das Haus Nielsen zu Keitum, hier in einer Aufnahme von ca. 1900, das heute – baulich sehr verändert – noch besteht (Gaat 17), befindet sich in den Jahren 1640-1694 im Besitz von Peter Söverinß und geht in den folgenden Generationen auf seinen Schwiegersohn und dessen Nachkommen über. Zu diesen Nachkommen gehört u.a. Jürgen Jens Nielsen (1830-1908), verheiratet mit Caroline Boy Wögens (1831-1904), nach dessen Tod das Haus in fremden Besitz überging.
Nach dem Tod der Eheleute Nielsen wurden eine kleine Stube und der Pesel vom Altonaer Museum zu Hamburg erworben, wo sie noch heute zu besichtigen sind.

ÜBERSICHT II

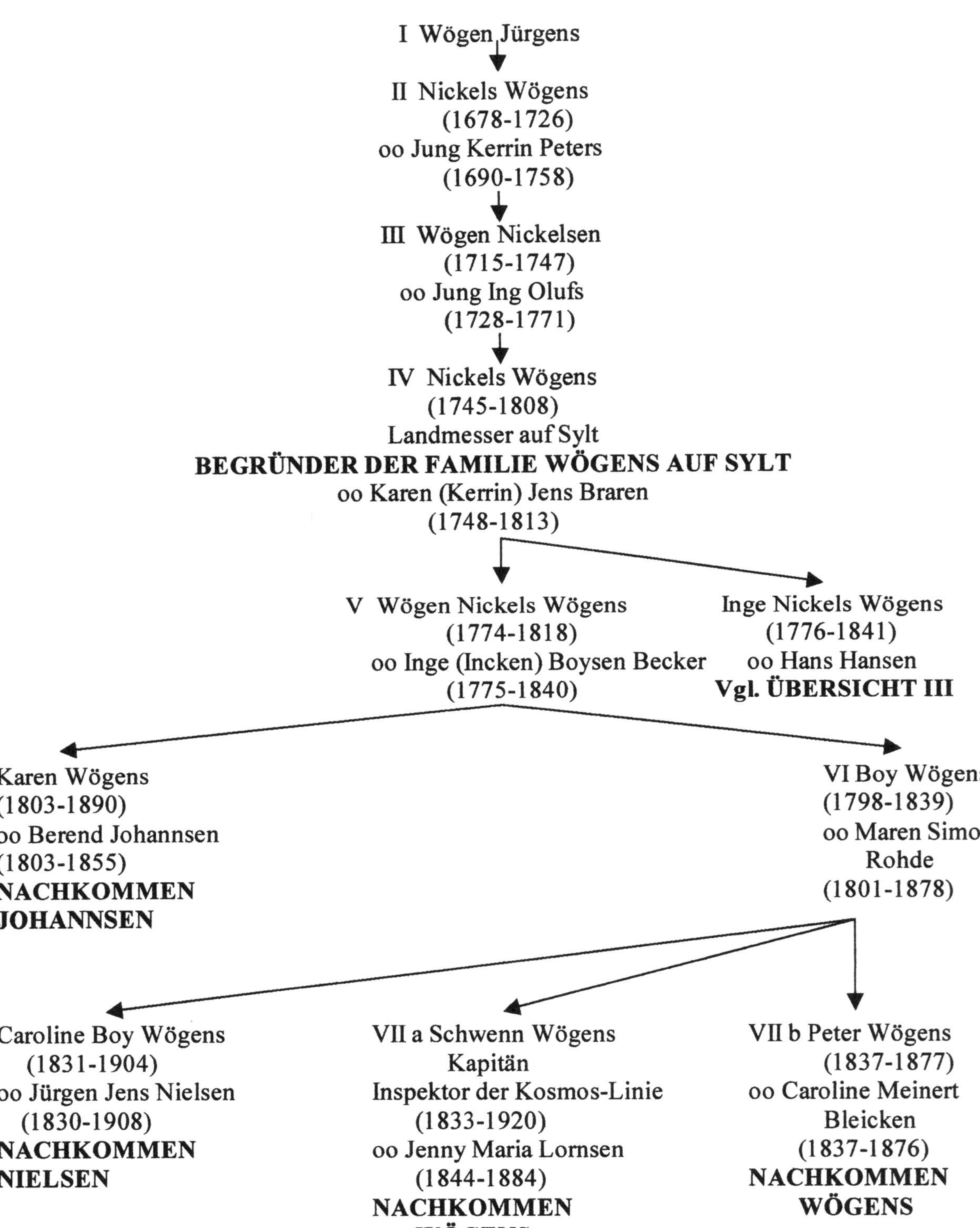

STAMMFOLGE WÖGENS

I Wögen **Jürgens**[42], *..., +...nach 1692, in Goting auf der Insel Föhr;
oo Inge...
Wögen Jürgens wird urkundlich 1656 im Osterlandfährer Landbuch erwähnt, 1658 „mit Mutter und Schwester“ im Gotinger Bauerschafts- und Gräsungsbrief und 1662: „Vör Teckening Der Festelenderie Up Wester Landt Föhr und Amrum Den 23. October Anno 1662“.

Sohn Wögens:

II Nickels **Wögens**, ~ auf Föhr 17.2.1678, + ebd. etwa im November 1726;
oo auf Föhr 14.1.1714 Jung Kerrin **Peters**, * Alkersum auf Föhr 9.7.1690, + Goting auf Föhr 5.2.1758.

Sohn Nickelsen (von 8 Kindern):

III Wögen **Nickelsen**, * Goting 28.1.1715, + ebd. im Oktober 1747;
oo auf Föhr 9.1.1743 Jung Ing **Olufs**, * Borgsum auf Föhr 24.6.1728, + Goting 1.12.1771 (T.v. Oluf **Rickmers**, *..., + ... um 1742; oo...1708 Crasten **Pauls**, *... im Oktober 1683, + Borgsum 15.11.1755).

Sohn Wögens:

IV Nickels **Wögens**, * Goting 7.8.1745, + Keitum auf Sylt 3.4.1808, Landmesser ebd.;
BEGRÜNDER DER FAMILIE WÖGENS AUF DER INSEL SYLT;
oo auf Föhr 17.6.1774 Jung Karen (Kerrin) **Braren**, * Borgsum 3.12.1748, + Keitum 24.11.1813 (T.v. Jens B., ~ Borgsum 3.8.1721, + Keitum 19.1.1807, Schulmeister an der Borgsumer Schule von 1762-1802; oo auf Föhr...1746 [verlobt bereits am 1.1.1746] Marret [Mantje] Boh **Jensen**, ~ ebd. 2.7.1722, + Keitum 24.1.1807).

Kinder Wögens:

1. Wögen Nickels, * auf Föhr 3.11.1774, s. V.

2. Inge Nickels, * Nieblum auf Föhr 26.7.1776 (err.), + Keitum 8.2.1841;
   oo Keitum 12.5.1803 Hans **Hansen**, *..., +...vor 1829, aus Schads, S.v. Hans **Andresen**, Seefahrer aus Schads, u.d. Julsel **Hansen**.

   Fortsetzung (Kinder Hansen) auf Seite 38.

[42] Anhand der ersten vier Generationen der Familie Wögens wird die patronymische Namengebung deutlich, bei der es sich um ein Relikt aus germanischer Zeit handelte. Alle Kinder erhielten als Attribut für den überragend wichtigen Rufnamen den Vornamen des Vaters, verlängert um „sen“, als Nachnamen, so daß es folglich von Generation zu Generation zum Namenswechsel kam (Wögen Jürgens, Nickels Wögens, Wögen Nickelsen, Nickels Wögens). Unter dem Einfluß des Kgl. dän. Geheimen Kabinettsministers Johann Friedrich Graf v. Struensee erließ König Christian VII. v. Dänemark am 15.11.1771 die „Verfügung wegen der Einführung von Geschlechtsnamen im Herzogtum Schleswig“, so daß sich infolgedessen seit dem Ende des 18. Jahrhunderts, also in der IV. Generation, der Geschlechtsname „Wögens“ herausgebildet hat.

ÜBERSICHT III (WÖGENS-HOLST)

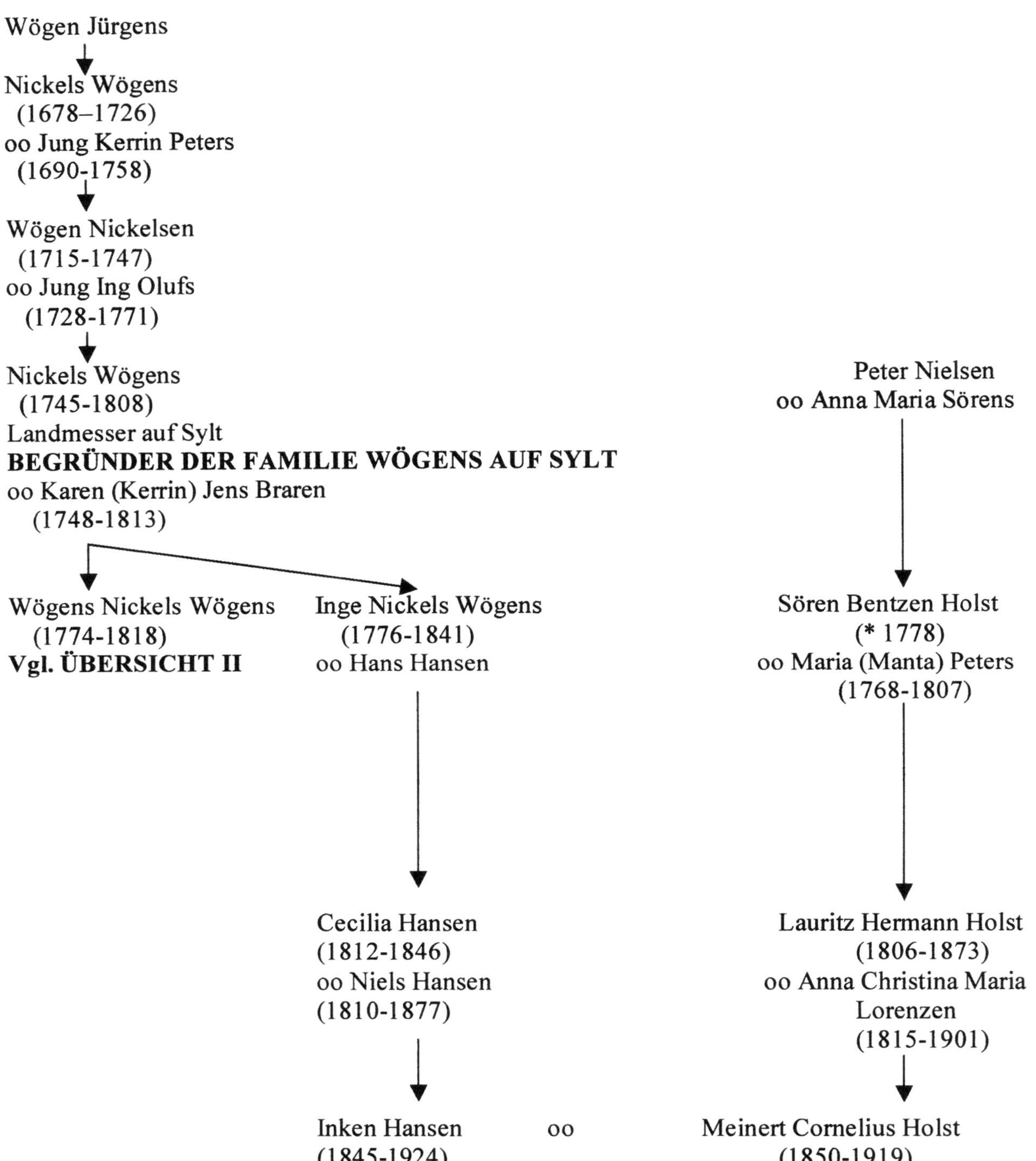

NACHKOMMEN HOLST

Haus Meinert Cornelius Holst zu Keitum auf Sylt
Historische Aufnahme

Das Stammhaus der Familie Meinert Cornelius Holst (1850-1919) zu Keitum ist bis in die Gegenwart erhalten geblieben und befindet sich in der heutigen Straße Westerhörn.

Kinder Hansen (Fortsetzung von Seite 35):

1) Nickels, * Keitum 11.11.1803, + Havanna auf Kuba...1822.

2) Hans, * Keitum 30.8.1806, +...vor 8.2.1841.

3) Cecilia, * Keitum 27.9.1812, + ebd. 27.6.1846;
oo Keitum 7.8.1844 Niels **Hansen**, * Visby bei Tondern 4.12.1810, + Keitum 27.7.1877 (S.v. Christian H., Küster zu Visby, u.d. Ellen **Due**, aus Süder-Seiersleff bei Emmerleff) – Er oo II. Keitum 8.9.1853 **Petronella** Jensen **Klein**, * Westerland 5.12.1820, + ebd. 19.1.1910, T.v. Theide Jensen K., Schiffsführer zu Westerland, u.d. Adriana **Lehnaus**, aus Vlissingen in Holland.

Tochter Hansen, erster Ehe:

Inken, * Keitum 25.6.1845, + Wenningstedt 18.3.1924;
oo Morsum 5.6.1874 **Meinert** Cornelius (Cornelissen) **Holst**, * Morsum-Osterende 29.8.1850, + Wenningstedt 23.3.1919, Landwirt ebd., vordem zu Keitum (S.v. Lauritz Hermann H. gen. Lauritz Schwennen H.[43], * Archsum 10.5.1806, + Morsum 18.8.1873; oo Morsum 10.1.1847 Anna Christina Maria **Lorenzen**[44], * Lügumkloster bei Tondern 30.4.1815, + Morsum 20.1.1901).

Kinder Holst:

a. Lauritz Hermann, * Keitum 24.12.1874, + ebd. 9.4.1891[45].

b. **Christian** Nicolaus, * Keitum 22.1.1876, + Rodenäs 21.1.1947, Bäckermeister ebd.;
oo Hoyer 8.6.1901 **Hanna** Petrea **Thyssen**, * Rütebüllkoog bei Neukirchen 2.1.1879, + Lübeck im Juli 1941 (T.v. **Niels** Truelsen T., * Birkelev 12.7.1827, +..., Kaufmann, u.d. **Hansine** Petrea **Petersen**, * Rütebüll 18.9. 1852, +...).

Kinder Holst:

a) Hansine, * Rodenäs 11.3.1902, + ebd. 13.6.1902.

b) **Meinert** Cornelius, * Rodenäs 11.11.1903, + Niebüll 21.12.1973, Kaufmann, Inhaber der Firma „Kaufhaus Meinert Holst“ ebd.;
oo I. Niebüll 6.10.1927 **Anna** Christina **Petersen**, * ebd. 14.6.1904, + ebd. 13.10.1947 (T.v. Christian Moritz P., * Deezbüll bei Niebüll 7.1.1868, + Niebüll 30.3.1954, Reichsbahnassistent ebd.; oo Deezbüll 1.6.1894 Catharina Maria **Samuelsen**, * Maasbüll bei Niebüll 7.12.1868, + Niebüll 18.4.1941).
oo II. Koldenbüttel bei Friedrichstadt 7.7.1956 Grete **Jebe**, * ebd. 5.10. 1919.

Kinder Holst, erster Ehe:

(a) Käthe, * Niebüll 21.7.1931;
oo Niebüll 20.7.1957 **Henry** Wilhelm **Mohrdieck**, * Oevenum auf Föhr 4.8.1930, Oberstudiendirektor a.D. zu Niebüll, vordem Leiter eines Gymnasiums zu Flensburg (S.v. Wilhelm Hinrich M., * Niederreihe [Kreis Steinburg] in Holstein 6.12.1903, + Wyk auf Föhr 11.1.1988, Malermeister, u.d. Jennie **Hansen**, * New York [USA] 23.6.1909, + Alkersum auf Föhr 9.8.2000).
- 2 Kinder -

---

[43] S.v. Sören Bentzen H., * Althorsbüll bei Emmelsbüll 14.3.1778, +...(S.v. Peter **Nielsen** u. Anna Maria **Sörens**) oo Keitum 11.5.1804 Maria (Manta) **Peters**, * Tinnum 24.3.1768, + Keitum 23.12.1807, T.v. Peter Christians Möller u.d. Cathrina **Peters**.

[44] T.v. Hinrich L., * Tondern 24.4.1788 +...1840 (S.v. Hinrich L. u. Christina Maria **Brodersen**) oo Lügumkloster bei Tondern 2.1.1814 Carolina **Jaggesen** (Jäggersen, Jäggesen, Jügesen) , *...1793, +...1822.

[45] Patensohn von Kapitän Schwenn Wögens (1833-1920); vgl. S. 59.

(b) **Christel** Linchen, * Niebüll 2.8.1935;
oo Niebüll 21.5.1960 Hans Werner **Weih**, * Neukirchen/Nordosterdeich 11.7.1935, Textilkaufmann zu Wyk auf Föhr, S.v. Heinrich Christian W. u.d. Maria Emilia **Knudsen**.

(c) **Meinert** Christian, * Niebüll 16.2.1938, + ebd. 29.9.1982, Textilkaufmann ebd.;
oo Heikendorf bei Kiel 22.10.1960 Karin **Haß**, * Flensburg 11.6.1938.
- 4 Kinder-

(d) Hans Werner, * Flensburg 8.12.1946, + Kiel 28.2.1995, Versicherungskaufmann;
oo Niebüll...Petra **Peters**, * ebd. 21.5.1955.
- 2 Kinder -

zweiter Ehe:

(e) Ute, * Niebüll 7.2.1958, Betriebswirtin.

(f) Dieter, * Niebüll 4.11.1959, Betriebswirt.

c) **Hansine** Ingeburg, * Rodenäs 3.1.1907, + Osewoldter Koog bei Dagebüll 15.8.1974;
oo Rodenäs 23.8.1936 **Bendix** Hemsen **Nissen**, * Hommelhof in Abel bei Tondern 30.12.1903, + Osewoldter Koog 24.2.1984, Landwirt ebd., S.v. **Martin** Julius N., Landwirt auf Carstenshallig im Gotteskoog, u.d. Ella Henriette **Hemsen**.

Söhne Nissen:

(a) Martin, * Osewoldter Koog 23.6.1942, Landwirt ebd.;
oo Niebüll 19.6.1965 Jenny **Johannsen**, * ebd. 16.6.1944.
- 3 Kinder -

(b) Helmut, * Osewoldter Koog 6.8.1948;
oo Struckum bei Bredstedt 14.4.1972 Lisa **Christiansen**, * Pebersmark 12.4.1950.

d) **Erich** Hubert Thyssen, * Rodenäs 20.12.1916, + ebd. 22.12.1981, Bäckermeister zu Schneedeich bei Rodenäs;
oo Emmelsbüll 22.3.1941, die Schwester seines Schwagers, **Margarethe** Christine **Nissen**, * ebd. 11.7.1910, + Niebüll 17.4.1990, T.v. **Martin** Julius N., Landwirt auf Carstenshallig im Gotteskoog, u.d. Ella Henriette **Hemsen**; kinderlos.

c. **Andreas** Manuel, * Keitum 17.7.1877, + Wenningstedt 26.2.1963, Bauunternehmer, Mitbegründer (1905) und Mitinhaber der Firma „Gebrüder Holst" ebd.;
oo Keitum 22.5.1904 Sophie Katharina **Gerdsen**, * Braderup 20.9.1881, + Westerland 30.11.1954 (T.v. **Andreas** Matthias G., * Langenhorn 5.8.1841, + Braderup 2.2.1892; oo Bordelum bei Bredstedt 3.11.1867 **Ingeborg** Dorothea **Jacobsen**, * Büttjebüll bei Bredstedt 18.6.1842, + Wenningstedt 23.2. 1922).

Kinder Holst:

a) **Meinert** Andreas, * Keitum 19.3.1905, + Wenningstedt 3.11.1979, Maurer ebd.;
oo Hütten (Kreis Eckernförde) 26.10.1928 Maria **Blender**, * Ascheffel (Kreis Eckernförde) 24.1. 1905, + Wenningstedt 14.6.1993.

Kinder Holst:

(a) **Andreas** Friedrich, * Keitum 3.3.1929, Kfz-Mechaniker zu Wenningstedt;
oo Wenningstedt 27.6.1951 Ingrid **Rinken**, * ebd. 1.1.1931.
- 4 Kinder -

(b) **Henry** Adolf, * Wenningstedt 17.10.1931, Industriemeister;
oo Bielefeld-Schildesche 22.5.1956 Gretel **Opitz**, *...31.3.1930.
- 2 Kinder -

(c) **Erwin** Franz Peter, * Wenningstedt 15.2.1937, + ebd. 31.10.2000, Installateurmeister ebd., Mitglied des Kirchenvorstandes ebd.;
oo Wenningstedt 28.9.1963 **Erika** Renate Charlotte **Rust**, * Berlin-Spandau 26.10.1940 (T.v. Helmut R., *...19.9.1894, + Berlin-Spandau im Juni 1959, Schiffsingenieur, u.d. Charlotte **Knappe**, * Berlin 21.8.1910, + Berlin-Spandau 3.11.1970).
- 5 Kinder-

(d) **Irmgard** Berta Käte, * Wenningstedt 20.6.1939;
oo Wenningstedt 29.12.1959, den Bruder ihrer Schwägerin, Walter **Opitz**, *...17.6.1925.
- 2 Kinder -

(e) **Renate** Sophia, * Wenningstedt 3.5.1943, + Niebüll 12.10.1992;
oo Wenningstedt 22.7.1965 Gerd **Martensen**, * Niebüll 11.8.1943.
- 2 Kinder -

b) **Adolf** Matthias, * Keitum 18.3.1906, + Wenningstedt 23.4.1976, Sattler ebd.;
oo Keitum 2.6.1936 Anna **Catharina Johannsen**, * Christian-Albrechts-Koog bei Niebüll 17.1. 1907, + Wenningstedt 28.1.1983, T.v. Carl Siegfried J. u.d. Ida Friederike **Hahn**; kinderlos.

c) **Hermann** Lauritz, * Braderup 14.8.1907, + Sörup bei Flensburg 20.6.1972, Maurermeister ebd.;
oo I. Keitum 30.11.1935 **Maria** Ines **Winkler**, * Hamburg 19.4.1912, + Flensburg 16.4.1959;
oo II...Erika **Kischkat**, * Königsberg in Ostpreußen 12.1.1909, + Sörup 7.1.1994.

Tochter Holst, erster Ehe:

Doris, * Westerland 12.11.1936;
oo Keitum 21.3.1959 Günther **Grube**, * Hamburg 17.8.1928, + Bonn 28.10.1974, Berufssoldat.
- 2 Kinder -

d) **Inge** Sophie, * Wenningstedt 8.7.1912, + Grundhof bei Flensburg 4.7.1995;
oo Keitum 7.6.1936 Peter **Thaysen**, * Grundhof 17.5.1909, + Flensburg 29.7.1981, Bäcker- und Konditormeister zu Grundhof, S.v. Peter T., Bäcker- und Konditormeister ebd.

Kinder Thaysen:

(a) Christa, * Bockholm bei Flensburg 3.4.1938;
oo I. Grundhof 26.8.1960 Peter **Klose**, *...; geschieden Hamburg 7.4.1971;
oo II. München 24.3.1972 Wolfram **Herzog**, *...; geschieden Michelstadt 30.6.1987; kinderlos.

(b) Elke, * Grundhof 19.2.1940;
oo Grundhof 20.7.1963 Werner **Lau**, * Hamburg 17.2.1936, Kaufmann. - 2 Kinder -

(c) Peter, * Grundhof 7.7.1946, Bäcker- und Konditormeister ebd.;
oo Grundhof 25.8.1977 Rosi **Laakmann**, * Langballigholz bei Grundhof 6.1.1953, + Grundhof 22.10.1993.
- 2 Kinder -

e) **Irma** Franziska, * Wenningstedt 8.2.1920;
oo Wenningstedt 23.8.1941 **Gerhard** Johannes **Rossius**, * Groß-Kleschkau (Kreis Danziger Höhe) in Westpreußen 25.9.1912, Berufssoldat a.D. (S.v. **Max** Emil Julius R., * Rhein [Kreis Lötzen] in Ostpreußen 5.1.1881, + Berlin-Tempelhof 15.8.1930, Bäcker- und Konditormeister; oo Groß-Kleschkau 26.5.1910 **Helene** Ottilie **Just**, * Hochzeit [Kreis Danziger Werder] 17.2.1892, + Berlin 2.1.1979).

Kinder Rossius:

(a) Ulrich, * Wenningstedt 28.9.1943, Bauingenieur zu Schleswig;
oo Sterup (Kreis Flensburg) 12.1.1968 Waltraud **Kirsten**, * Flensburg 13.9.1946 (T.v. **Otto** Heinz Walter K., * Stralsund 9.10.1922, Kaufmann; oo Flensburg 17.11.1945 **Hertha** Maria **Johannsen**, * Sterup 15.5.1922).
- 2 Söhne -

(b) **Barbara** (Bärbel) Irene, * Wenningstedt 3.10.1945, + ebd. 6.6.1946.

(c) **Ingrid** Irene, * Westerland 19.5.1948;
oo Westerland 19.5.1976 **Heinz** (Heino) Otto Friedrich Ulrich **Hackmack**, * Tientsin (China) 29.1.1926, + Yangon (Myanmar) 26.10.1996, Kaufmann, tätig für die Firma „C. Melchers", Bremen, S.v. Adolf H., Kaufmann, u.d. Emma **Oehlerking**; kinderlos.

d. **Nicoline** Petrea, * Keitum 18.11.1879, + Westerland 17.7.1958;
oo Keitum 12.11.1905 Christian **Heinrich Abeling**[46], * Tondern 13.7.1879, + Westerland 1.6.1973, Maschinenschlosser und Maschinenheizer bei der „Sylter Dampfschiffahrt-Gesellschaft" auf den Schiffen „Freya" und „Frisia", zuletzt bei der Deutschen Reichsbahn zu Hoyerschleuse, vor 1905 Maschinist in den USA.

Tochter Abeling:

Catharina Margaretha, * Munkmarsch 5.8.1906, + Bad Kissingen in Unterfranken 26.11.1993;
oo Keitum 6.12.1936 **Carsten** Friedrich **Nissen**, * Flensburg 18.11.1908, + gefallen in Rußland 20.7. 1944, Zimmerer zu Westerland (S.v. Christian **Jens** Ingwert N., * Klanxbüll 10.12.1874, + Flensburg 22.6.1946, Zimmerer ebd.; oo Flensburg 25.9.1908 **Ida** Marie **Prigge**, * ebd. 14.6.1886, + Westerland 7.5.1973).

Kinder Nissen (Fortsetzung auf Seite 45):

(a) Rolf, * Westerland 27.6.1938, + ebd. 2.11.2000, Maler ebd.;
oo Westerland 10.7.1959 **Christel** Dora **Abeling**[47], * Hamburg 26.12.1934 (T.v. **Hermann** Heinrich A., * Hamburg 12.5.1898, + ebd. 20.5. 1968, Goldschmied ebd.; oo Altona-Eidelstedt 7.2.1931 **Dorothea** Anna Else **Boettcher**, * Hamburg 8.2.1911, + Westerland 2.4.1999). - 4 K. -

---

[46] Ein genealogischer Zusammenhang zwischen Heinrich Abeling und der unter Fußnote 47 aufgeführten Familie Abeling konnte bisher nicht festgestellt werden.

[47] **Auszug aus der Genealogie der Familie Abeling und verwandter Familien**:
Heinrich Christoph **Schröder** genannt **Abeling-Schröder**, * Eidelstedt in Hannover 27.11.1789, + Düste in Hannover 13.9.1859, Halbmeier ebd.;
oo Düste 13.11.1818 Catharina Margarethe **Kattau**, * ebd. 23.4.1793, + ebd. 19.12.1827 (T.v. Johann Heinrich K. u.d. Catharina Maria **Brand**) – Sie oo I. Düste 14.6.1816 Gerd Heinrich **Abeling**, * Düste 3.10.1776, + ebd. 19.11.1817.
Söhne Abeling-Schröder genannt Abeling:

1. Bernhard Friedrich, * Düste in Hannover 30.12.1823, + Keitum auf Sylt 31.10.1902, Schneidermeister ebd.; oo Keitum 9.12.1853 Marie Christine **Holst**, * Tondern 5.2.1826, + Keitum 17.7.1877, T.v. Jens Nicolai H. u.d. Hanna Christine **Jensen**.
Kinder Abeling:
1) **Jens** Christoph, * Keitum 9.1.1854, +...nach 1877, keine weiteren Nachrichten.
2) Lauritz, * Keitum 10.5.1856, +...nach 1877, keine weiteren Nachrichten.
3) **Catharina** Margaretha, * Keitum 5.7.1858, + ebd. 11.4.1948;
oo Keitum 2.10.1894 **Albert** Andreas **Klein**, * ebd. 26.6.1840, + Kiel 21.3.1902, Kapitän zu Keitum (S.v. Andreas Albert K., * Keitum 6.12.1810, + ebd. 23.4.1873, Kapitän, 1850 Hamburger Bürger, 1850-1860 in Diensten der Hamburger Reederei „H.H. Eggers", 1853-1858 Schiffsführer der „Voltiguer" und 1859/1860 der „Flying Dutchman" [Vgl. Georg Quedens, Inseln der Seefahrer - Sylt, Amrum, Föhr und die Halligen, Hamburg 1982, S. 92], 1864 Gemeindevorsteher zu Keitum; oo Keitum 10.2.1837 **Botilla**

Niels **Erichsen**, * ebd. 2.10.1812, + ebd. 14.3.1895; vgl. o. Thomsen-Genealogie, Fußnote 14, S. 17) – Er oo I. Westerland 23.6.1869 **Ingelina** Maria **Uwen**, * ebd. 21.10.1843, + Keitum 23.7.1891.
Tochter Klein zweiter Ehe (von 4 Kindern):
Ingelina Maria, * Keitum 14.7.1896, + ebd. 5.7.1976;
oo Keitum 14.5.1917 **Carl** Bernhard **Lausten**, * ebd. 3.7.1887, + ebd. 11.10.1969, Finanzbeamter zu Kiel (T.v. **Peter** Carstensen L., * Keitum 21.9.1850, + ebd. 27.6.1920, Fuhrmann ebd., u.d. Johanna Juliane **Abend**, * ebd. 30.9.1863, + ebd. 14.11.1944), Bruder von **Henriette** (Henny) Juliane **Lausten**; vgl. u.
Kinder Lausten:

a. **Hellmut** Bernhard, * Keitum 3.2.1919, Postbeamter a.D.;
oo Keitum 9.10.1954 **Anna** Clara **Christensen**, * Tinnum 13.1.1930, T.v. Michel Christian C. u.d. Zidora **Petersen**.
- 2 Töchter -

b. **Hanna** Katharina, * Kiel 30.5.1920, + Westerland 19.8.1996, Handwebmeisterin;
oo Kiel 8.2.1941 Karl-Heinz **Maether**, * ebd. 7.2.1913, + vermißt im Zweiten Weltkrieg bei Witebsk (Rußland) im Mai 1944, Handwebmeister und Graphiker.
- 2 Kinder -

4) **Bernhard** Friedrich, * Keitum 29.1.1861, + Westerland 5.12.1945, Bäckermeister ebd.;
oo Westerland 19.9.1886 **Erkel** Ebe **Axelsen**, * ebd. 14.8.1864, + Archsum 19.3.1955 (T.v. **August** Heinrich A., * Fegetasche bei Neukirchen 2.4.1834, + Westerland 9.3.1881; oo Westerland 13.11. 1863 **Inken** Jens **Uwen**, * ebd. 31.3.1838, + ebd. 26.4.1880).
Söhne Abeling:

(1) Michel **Albert**, * Westerland 22.6.1887, + ebd. 21.9.1962, Bäckermeister ebd.;
oo Westerland 7.4.1912 **Elsa** Margarethe **Hansen**, * Tinnum 1.1.1890, + Westerland 2.8.1949, T.v. Thomas H. u.d. Brigitte Friederike **Bendichsen**.
Kinder Abeling:

a. **Erna** Elena, * Westerland 8.10.1912, + Bredstedt 8.9.1996;
oo I. Westerland 28.10.1933 **Herbert** Karl Iwer **Holst** (* 1908); geschieden Flensburg 8.7.1939; vgl. u. S. 47.
oo II. Pinneberg in Holstein 30.9.1939 **Walter** Hans **Bürger**, * Gotha 4.7.1914, + Westerland 8.12.1988, Bauingenieur ebd.
Tochter Bürger (von 2 Kindern):
Brigitta Ingrid, * Westerland 19.4.1941;
oo Westerland 6.2.1960 Uwe **Volquardsen**, * Flensburg 19.3.1938, Kaufmann zu Westerland (S.v. **Hans** Hansen Redlef V., Sparkassendirektor zu Westerland, u.d. Martha **Schmidt**); geschieden 3.3.1983; vgl. o. Thomsen-Genealogie, S. 26.

b. **Toni** Beate, * Westerland 24.8.1914, + ebd. 10.12.2000;
oo Westerland 19.7.1941 Mathias **Neubürger**, * Altrich an der Mosel 6.8.1914, + Westerland 17.5. 1990, Bäckermeister ebd.
- 2 Kinder -

c. **Albert** Emil, * Westerland 25.4.1924, + gefallen in Rußland 3.3.1945.

(2) Bernhard **Friedrich**, * Westerland 19.12.1888, + ebd. 6.5.1976, Schiffsingenieur bei der Hamburg-Amerika-Linie und bei der „Sylter Dampfschiffahrt-Gesellschaft", 1927-1955 Maschinenmeister und Betriebsleiter der Kurbadehausbetriebe zu Westerland;
oo I. Keitum 12.9.1920 **Else** Inge Caroline **Matthiesen**, * Munkmarsch 3.5.1898, + Westerland 16.6. 1925 (T.v. Emil M., * Westerland 14.11.1869, + Munkmarsch 9.5.1971, Malermeister und Landwirt ebd.; oo Keitum 26.3.1897 **Jeannette** Petrea **Prott**, * Tinnum 17.12.1873, + Munkmarsch 12.4. 1947); vgl. Auszug aus der Genealogie der Familie Matthiesen S. 44, Anhang zur Fußnote 47.
oo II. Keitum 1.11.1927 **Henriette** (Henny) Juliane **Lausten**, * ebd. 29.5.1893, + Westerland 22.8. 1983, Schwester von **Carl** Bernhard **Lausten**; vgl. o.
Söhne Abeling, erster Ehe:

a. **Bernhard** Friedrich Emil, * Westerland 2.9.1921, Maschinenmeister, Betriebsleiter der Kurbadehausbetriebe ebd. (Nachfolger seines Vaters);
oo I. Risum bei Niebüll 4.10.1946 **Bertha** Bothilla Amalie **Nahnsen**, * ebd. 13.9.1924, + Westerland 29.11.1978, T.v. Hans N., Küster zu Risum, aus Lindholm bei Niebüll, u.d. **Marie** Helene **Nissen**, aus Lindholm;

oo II. Westerland 11.12.1981 **Gertraud** Luise Wilhelmine **Raatz**, * Überschlag (Kreis Regenwalde) in Pommern 12.7.1925.
- 2 Kinder aus erster Ehe -

b. **Erich** Emil, * Westerland 4.10.1923, + Husum 15.9.2001, Steueroberamtsrat ebd.;
oo I. Husum 24.10.1947 Ilse **Ketelsen**, *...23.3.1926, + Husum 21.5.1974;
oo II. Husum 23.9.1983 Christa **Hansen**, *... - 2 Kinder aus erster Ehe -

(3) **August** Hinrich, * Westerland 18.8.1893, + Archsum 22.8.1974, Gastwirt, Besitzer der Gaststätte „Zur Erholung" ebd.;
oo Westerland 28.6.1925 **Martha** Dürene **Klint**, * Archsum 15.3.1901, + ebd. 31.1.1973 (T.v. **Julius** Meinert Christian K., * Morsum 28.12.1872, + Archsum 3.10.1936, Landwirt ebd.; oo Keitum 29.9.1898 **Mathilde** Henriette **Fink**, * Archsum 16.9.1874, + ebd. 14.11.1942); vgl. o. Thomsen-Genealogie, S. 15f.
Sohn Abeling:
Julius Bernhard, * Archsum 17.5.1935, Zimmerer zu Westerland;
oo Keitum 2.7.1960 **Friedel** Christine Marie **Möller**, * Westerland 26.11.1937 (T.v. Friedrich Ludwig M., * Tinnum 29.11.1898, + Westerland 22.12.1979, Tischler ebd.; oo Westerland 28.12.1929 **Maria** Magdalene **Heinrich**, * St. Annen-Österfeld in Dithmarschen 20.5.1902, + Westerland 14.6.1978).
- 1 Tochter -

5) Johann Christian, * Keitum 27.1.1863, + ebd. 14.3.1863.
6) Heinrich Christoph, * Keitum 6.5.1864, + ebd. 14.7.1867.
7) Hanna **Christina**, * Keitum 22.8.1866, + ebd. 28.12.1943;
oo Keitum 6.12.1892 **Boy** Dirks **Lornsen**, * ebd. 4.6.1866, + ebd. 12.4.1940, Schlachtermeister, Standesbeamter, Kirchenrechnungsführer, Kirchenvorsteher und Kirchenältester ebd. (S.v. Albert Paul L., * Keitum 19.6. 1825, + 23.10.1900, Schlachtermeister ebd.; oo Keitum 13.3.1853 **Anna** Lorenzen **Klein**, * Braderup 30.1.1825, + Keitum 26.2. 1915); Bruder von **Pauline** Maria **Lornsen**; vgl. Fußnote 53, S. 49.
Kinder Lornsen:

(1) **Albert** Paul, * Keitum 17.2.1893, + ebd. 15.10.1966, Kapitän und Seelotse zu Brunsbüttelkoog in Dithmarschen, Mitglied der Association Amicale Internationale Capitaines au Long Cours Cap-Horniers;
oo Keitum 29.6.1921 **Maria** Elisabeth **Volquartz**, * Keitum 15.2.1898, + ebd. 9.8.1980 (T.v. Magnus Ingwer V., * Keitum 29.11.1864, + ebd. 30.1.1928, Kaufmann ebd., Inhaber der Firma „M. I. Volquartz" [Kommissions- und Agentur-Geschäft, Kohlen-Handlung] und Mitbegründer der Kohlenhandelsgesellschaft „Volquartz, Sörensen & Wünschmann"; oo Keitum 9.10.1891 **Jenny** Schwensine **Buchholz**, * ebd. 5.4.1870, + Brunsbüttelkoog 25.7.1938, Schwester von Hans Hinrich **Buchholz**; vgl. o. Thomsen-Genealogie, S. 21).
Söhne Lornsen:

a. **Boy** Jacob, * Keitum 7.8.1922, + ebd. 26.7.1995, Schriftsteller, akademischer Bildhauer und Steinbildhauermeister ebd., bis 1966 Inhaber eines Steinbildhauerbetriebes zu Brunsbüttel, u.a. 1972 Friedrich-Bödecker-Preis, 1976 Preis der japanischen Schulbibliothekare, Mitglied des PEN-Clubs;
oo Brunsbüttelkoog 16.11.1950 Margarete (**Margot**) Helene **Schindler**, * Beuthen in Oberschlesien 18.10.1930, T.v. **Alois** Josef S. (1895-1945), Verwaltungsbeamter zu Beuthen, u.d. **Margarete** Franziska **Spyra** (1901-1976).
- 2 Söhne -

b. Magnus, * Keitum 14.10.1923, + ebd. 3.11.1923.

(2) **Maria** Christine, * Keitum 25.4.1894, + Westerland 30.3.1974;
oo Keitum 5.5.1920 **Hans** Boy Christian **Alwart**, * Westerland 29.7.1894, + ebd. 7.6.1965, Kaufmann, Mitinhaber der Firma „H.B. Jensen" ebd.
- 1 Sohn -

(3) Anna, * Keitum 16.10.1895, + Bad Segeberg in Holstein 10.1.1987;
oo Keitum 5.10.1921 **Walter** Eduard Heinrich **Greve**, * Segeberg 5.10.1891, + ebd. 22.1.1978, Schlachtermeister ebd.
- 4 Kinder -

(4) Bernhard Friedrich, * Keitum 8.8.1897, + ebd. 22.8.1897.
(5) **Bernhard** Friedrich, * Keitum 2.2.1899, + ebd. 11.9.1943, Landwirt und Kohlenhändler ebd.;

oo Keitum 28.6.1925 **Wenka** Olga **Willert**, * Westerland 26.1.1907, + Keitum 4.2.1993, T.v. August Heinrich W. u.d. Maren **Christensen**.
Kinder Lornsen:
c. **Boy** Otto Hermann, * Keitum 17.9.1925, + ebd. 21.10.1986, Landwirt ebd.;
oo Keitum 2.11.1946 Erika **Ingwersen**, * Simonsberg auf Eiderstedt 26.4.1926.
- 3 Kinder -
d. Frauke, * Keitum 10.4.1928;
oo Keitum 1.11.1947 **Hubert** Heinrich Joseph **Heller**, * (Wuppertal-)Barmen 31.7.1923.
- 1 Tochter -
e. Uwe Jens, * Keitum 14.7.1929, Kohlenhändler ebd.;
oo Keitum 16.10.1952 Helga **Schölermann**, * Swinemünde in Pommern 30.3.1926. - 4 Kinder -
(6) Emil Christian, * Keitum 21.3.1900, + ebd. 21.4.1900.
(7) Emilie (Emmy), * Keitum 29.6.1902, + Hamburg-Othmarschen 20.5.1972;
oo Hamburg...1941 **Christian** Lorenz **Moritzen**, * Keitum 18.1.1876, + Hamburg-Othmarschen 2.7. 1963, Kapitän bei der Hamburg-Amerika-Linie (S.v. Johannes M., * Keitum 5.10.1843, + Tinnum 8.8.1940, Böttcher zu Keitum; oo Keitum 12.9.1868 **Anna** Nicoline **Lorenzen**, * ebd...1846, + ebd. 20.11.1918); kinderlos – Er oo I...Marie..., *..., +...1918; oo II..1920 Minna..., *..., + Hamburg...1940.
2. Hermann Christoph, * Düste in Hannover 24.11.1830, + Hamburg...1909, Schneidermeister ebd.;
oo...Marie Luise **Hansen**, * Hattstedt bei Husum 8.6.1833, +...
Sohn Abeling:
Ludwig Franz, * Hamburg 1.5.1870, + ebd. 16.4.1934, Schneidermeister ebd.;
oo Altona bei Hamburg 2.10.1897 Bertha Ottilie Friederike **Hartmann**, * ebd. 11.4.1867, + ebd. 6.4.1903.
Sohn Abeling (von 4 Kindern):
Hermann Heinrich, * Hamburg 12.5.1898, + ebd. 20.5.1968, Goldschmied ebd.;
oo Altona-Eidelstedt 7.2.1931 **Dorothea** Anna Else **Boettcher**, * Hamburg 8.2.1911, + Westerland 2.4. 1999.
Tochter Abeling:
Christel Dora, * Hamburg 26.12.1934;
oo Westerland 10.7.1959 Rolf **Nissen** (1938-2000); vgl. o. S. 41.

Anhang zur Fußnote 47, Auszug aus der Genealogie der Familie Matthiesen:
Hinrich Meinert **Matthiesen**, * Keitum 15.3.1810, + ebd. 12.3.1875, Schiffer ebd., 1864 im Deutsch-dänischen Krieg Lotse für die österreichische Flotte in den Gewässern um Sylt, Ritter des K. u. K. Franz-Joseph-Ordens;
oo I. Keitum 20.11.1834 **Erkel** Erk **Sybrandts** (Sörens), * ebd. 12.3.1813, + ebd. 15.12.1846, T.v. Peter Erck S., Seefahrer ebd., u.d. **Inge** Jens **Rincken**; Schwester von Kaiken **Sörensen**; vgl. Fußnote 60, S. 53.
oo II. Keitum 30.5.1848 **Inken** Matz **Peters**, * ebd. 14.3.1819, + ebd. 21.1.1911, T.v. Peter Matz P., Seefahrer ebd., u.d. **Moiken** Jens **Matthiesen**.
Söhne Matthiesen (von 8 Kindern aus beiden Ehen),
erster Ehe:
1. Matthias Hinrich, * Keitum 27.5.1835, + Westerland 27.8.1884, Kapitän ebd.;
oo Westerland 10.11.1867 **Erkel** Dirk **Boysen**, * ebd. 28.2.1843, + ebd. 14.5.1885 (T.v. Boy Lorenz B., * Westerland 1.1.1812, + ebd. 23.8.1890, Gemeindevorsteher ebd., u.d. **Maren** Jens **Bleicken**, * Kampen 18.1.1810, + Westerland 4.8.1893).
Kinder Matthiesen:
1) Alma Pauline, * Westerland 21.11.1868, + ebd. 8.3.1874.
2) Emil, * Westerland 14.11.1869, + Munkmarsch 9.5.1971, Malermeister und Landwirt ebd.;
oo Keitum 26.3.1897 **Jeannette** Petrea **Prott**, * Tinnum 17.12.1873, + Munkmarsch 12.4.1947 (T.v. Erich P., * Keitum 27.1.1846, + Munkmarsch 9.2.1938, Schiffer und Austernfischer, Betriebsdirektor der staatlichen Austernfischerei auf Sylt; oo Keitum 11.5.1869 **Irene** Elisabeth **Deutscher**, * Kiel 23.8.1849, + Munkmarsch 10.10.1920, Schwester von Gondeline Maria **Deutscher**; vgl. o. Thomsen-Genealogie Fußnote 27, S. 24).
Kinder Matthiesen:
(1) **Else** Inge Caroline, * Munkmarsch 3.5.1898, + Westerland 16.6.1925;
oo Keitum 12.9.1920 Bernhard **Friedrich Abeling** (1888-1976); vgl. S. 42.
(2) Erich, * + Munkmarsch 14.9.1899.
(3) **Erich** Matthias Jürgen, * Munkmarsch 2.10.1900, + ebd. 5.9.1923, Bankkaufmann.

Fortsetzung von Seite 41:
(b) Karin, *...;
oo...16.5.1969 Reinhard **Meyer**, *...; geschieden.
- 2 Kinder -

(c) **Günter** Carsten, * Westerland 8.1.1944, Maler;
oo Westerland 19.2.1965 Hildegard **Kirchen**, * Kasel (Kreis Trier) 5.11.1934.
- 3 Töchter -

---

(4) **Inge** Bothilde, * Munkmarsch 11.1.1902, + Westerland 14.7.1994;
oo Munkmarsch 1.6.1941 August **Lechner**, * Dombühl in Mittelfranken 17.2.1891, + Bergheim an der Erft 20.1.1950, Maschinenmeister; kinderlos.

zweiter Ehe:

2. **Hinrich** Meinert, * Keitum 20.9.1854, + ebd. 9.1.1926, Landwirt ebd., vordem Kapitän bei der Deutschen Dampfschiffs-Gesellschaft Kosmos (Kosmos-Linie) zu Hamburg;
oo Keitum 1.5.1885 **Justine** Mathilde **Jendrichsen** gen. **Henningsen**, * Emmelsbüll 3.2.1865, + Keitum 25.7.1953.
Kinder Matthiesen:
1) Heinrich, * Keitum 10.1.1886, + Valparaiso (Chile) 17.12.1952, Kapitän, Inspektor der Kosmos-Reederei ebd.; unverehel.
2) **Inka** Caroline Maria, * Keitum 2.11.1890, + Tinnum 7.1.1967;
oo Keitum 6.9.1921 **Arthur** Nicolaus Momme **Knutzen**, * Tinnum 20.3.1889, + ebd. 17.11.1977, Landwirt ebd. (S.v. **Wilhelm** Friedrich K., * Tinnum 30.8.1855, + ebd. 7.5.1934, Landwirt ebd.; oo...27.5.1879 Agathe Cäcilie **Petersen**, * Deezbüll bei Niebüll 2.1.1852, + Tinnum 13.1.1930).
- 6 Kinder -
3) Meinert, * Keitum 30.10.1892, + ebd. 22.1.1951, Kapitän ebd.;
oo Hamburg 1.6.1922 Hilda Ingeborg **Jacobsen**, * Westerland 13.2.1900, + ebd. 8.9.1967 (S.v. **Jacob** Peter Boy J., * Westerland 7.5.1868, + [auf See] vor Hallig Südfall 30.8.1923, Schiffer zu Westerland, u.d. Jenny Omine **Cordt**, * Rantum 3.5.1874, + Westerland 6.6.1948).
Sohn Matthiesen (von 2 Söhnen):
Hinrich Jacob, * Westerland 29.1.1928, Lehrer an deutschen Auslandsschulen in Mexiko und Chile, Schriftsteller zu Morsum;
oo Wyk auf Föhr 2.5.1953 **Gondel** Renate **Behrends**, * Westerland 23.8.1931 (T.v. Johannes [**Hanns**] Julius B., * Geestemünde 25.1.1896, + Westerland 26.8.1965, Dr. iur., Rechtsanwalt ebd.; oo Bremerhaven 21.10.1928 **Gertrud** Ida Helene **Jäger**, * Lehe 18.12.1908, + Westerland 3.5.1987).
Tochter (von 2 Kindern):
Svendine, * Kiel 23.1.1961;
oo (StA) Westerland 2.9., (kirchl.) Keitum 3.9.1988 Philipp Ottmar Georg **Ritter u. Edler v. Loessl**, * Den Haag 20.6.1957, Diplom-Agraringenieur (S.v. Ottmar **Dietrich** Ritter u. Edler v. L., * Hamburg 28.9.1916, Dr. rer. nat., Physiker; oo Hamburg 27.4.1951 **Gudrun** Margarete Anneliese **Schütze**, * Malapane in Oberschlesien 16.6.1928); vgl. GHdA Band 108 Adel. Häuser B XXI (1995) S. 300.
- 2 Söhne -
4) Peter, * Keitum 9.10.1893, + Stade 26.1.1979, Kapitän bei der Deutschen Afrika-Linie;
oo...Amalie Johanna **Margaretha Kaphengst**, *..., +...
- 1 Sohn -
5) Erna Marie, * Keitum 3.3.1896, + ebd. 12.3.1896.
6) **Caroline** Maria, * Keitum 14.5.1900, + ebd. 11.6.1989;
oo Keitum 22.4.1930 **Ernst** Otto **Kolz**, * Wewelsfleth (Kreis Steinburg) in Holstein 6.9.1901, + Westerland 16.12.1980, Landwirt zu Keitum; kinderlos.
7) **Jonny** Hinrich, * Keitum 8.7.1905, + Flensburg 24.9.1991, Direktor der Landesfeuerwehrschule zu Harrislee bei Flensburg;
oo Keitum 26.7.1927 **Dorothea** Margaretha **Buchholz**, * Keitum 25.3.1905, + ebd. 6.6.1998 (T.v. Hans Hinrich B., * ebd. 17.9.1872, + ebd. 13.11.1948, Landwirt ebd.; oo Keitum 26.5.1898 **Hanna** Margaretha **Aggesen**, * Keitum 11.11.1873, + ebd. 26.5.1956 [T.v. Dücke A., * Norddeich bei Rodenäs 14.2.1829, + Keitum 29.12.1914, Schiffer und Austernfischer ebd.; oo Keitum 26.8.1861 Margaretha **Thomsen**, * Keitum 17.11.1829, + ebd. 18.5.1923; vgl. o. Thomsen-Genealogie, S. 20]).
- 2 Söhne -

e. **Peter** Martin, * Keitum 5.6.1882, + Wenningstedt 5.11.1962, Bauunternehmer, Mitbegründer (1905) und Mitinhaber der Firma „Gebrüder Holst" ebd.;
oo Keitum 12.11.1905 **Franziska** Friederica **Ratzlaff**, * Westerland 15.12.1880, + Wenningstedt 30.3. 1967 (T.v. **Hermann** Johann Friedrich R., * Zanow [Kreis Schlawe] in Hinterpommern 22.2.1850, + Wenningstedt 20.3.1934, Schlachtermeister zu Braderup, vordem zu Westerland; oo Westerland 9.11.1879 **Caroline** Christina **Matzen**, * Rodenäs 14.9.1848, + Braderup 9.2.1922).

Kinder Holst:

a) **Max** Hermann, * Wenningstedt 25.6.1906, + ebd. 4.12.1991, Baumeister, Architekt und Bauunternehmer, Mitinhaber der Firma „Gebrüder Holst" ebd.; Zimmermannslehre in Dithmarschen, 1931 Baumeister-Examen, Lehrlingswart der Bau- und Tischler-Innung Sylt, Obermeister der Sylter Innung, Gemeinde- und Kreistagsvertreter;
oo I. Ulsnis (Amt Süderbrarup) 15.11.1931 **Charlotte** Hedwig Henriette **Helm**, * Kiel 21.8.1904, + Westerland 15.11.1994 (T.v. Johann Julius H., * Gunneby [Amt Süderbrarup] in Angeln, 28.6.1874, + Ulsnis...1955, Landwirt, u.d. Liesette Auguste **Maack**, * Regelsrott [Amt Gelting] 25.1.1867, + Ulsnis...); geschieden;
oo II. Hamburg 26.7.1968 Ingeborg **Funk**, * Jena in Thüringen 3.7.1923.

Kinder Holst, erster Ehe:

(a) **Uwe** Peter, * Kampen 4.5.1933, + Westerland 21.8.1994, Bauingenieur, Bauunternehmer, Mitinhaber der Firma „Gebrüder Holst" zu Wenningstedt, stellv. Vorsitzender der Söl'ring Foriining e.V.;
oo Rieseby (Kreis Eckernförde) 23.10.1959 Inge **Möller**, * ebd. 27.9.1937 (T.v. Johann Heinrich M., * Kiel 18.10.1905, + Petriholz 19.3.1951, Zimmermeister zu Rieseby, u.d. Marie Christine **Ehlers**, * Loose [Kreis Eckernförde] 17.3.1908, + Kopperby bei Kappeln 17.12. 1984).
- 3 Kinder -

(b) **Horst** Werner, * Kampen 7.3.1935, Bauingenieur;
oo Köln-Rodenkirchen 16.12.1966 Barbara (Bärbel) **Janik**, * Hof Schleifeld (Kreis Büdingen) 29.9.1944.
- 3 Kinder -

(c) **Ose** Lisette, * Kampen 21.5.1936;
oo Kiel 20.12.1958 Günther **Kühl**, * ebd. 8.11.1932; geschieden 30.4.1987.
- 2 Kinder -

(d) **Inken** Franziska, * Kampen 4.3.1941;
oo I. Keitum 29.8.1963 **Harald** Mario **Hübener**, * Hamburg 28.11.1929, +...14.10.1989, Versicherungskaufmann (S.v. Ernst **Otto** H., * Hamburg 28.12.1891, + [von der NS-Regierung ermordet] Berlin 23.4.1945, Versicherungsmakler zu Hamburg, Mitbegründer und Mitinhaber der Firma „Jauch & Hübener" ebd.; oo Hamburg 7.1.1920 Margot **Thecla Möring**, * ebd. 22.12.1898, + Bad Oldesloe in Holstein 27.3.1990; vgl. „Möring" X d 5 DGB Band 209 [15. Hamburger] S. 195f.); geschieden Hamburg 10.4.1974;
oo II. Berlin 25.7.1974 **Hans Helmut** Wilhelm Paul **Mauser**, * Köln 4.3.1932, Diplom-Ingenieur, Mitinhaber der Firmen der Mauser-Gruppe zu Köln, Vorstandsmitglied der „Krupp Metalurgica Campo Limpo S.A" zu Sao Paulo (Brasilien) (S.v. Karl Wilhelm M., * Stuttgart 6.4.1898, + Starnberg in Oberbayern 31.1.1975, Ingenieur und Industrieller, Mitinhaber und Geschäftsführer der Mauser-Gruppe zu Köln; oo Gau-Algesheim [Kreis Bingen] 19.8.1922 Else Anna **Mathilde Avenarius-Herborn**, * ebd. 9.3.1902, + Heidelberg 6.2.1998); vgl. „Mauser" IX a DGB Band 146 (8. Schwäbischer) S. 467 – Er oo I. Santa Cruz (Bolivien) 10.7.1961 **Ingrid** Berta **Lagemann**, * Berlin-Charlottenburg 20.2.1934.
- 1 Tochter aus erster Ehe, 1 Sohn aus zweiter Ehe -

b) **Herbert** Karl Iwer, * Wenningstedt 13.12.1908, Bauingenieur, Bauunternehmer, Mitinhaber der Firma „Gebrüder Holst“ ebd., Stadtbaudirektor a.D.;
oo I. Westerland 28.10.1933 **Erna** Elena **Abeling**[48], * ebd. 8.10.1912, + Bredstedt 8.9.1996 (T.v. Michel **Albert** A., * Westerland 22.6.1887, + ebd. 21.9.1962, Bäckermeister ebd.; oo Westerland 7.4.1912 **Elsa** Margarethe **Hansen**, * Tinnum 1.1.1890, + Westerland 2.8.1949); geschieden Flensburg 8.7.1939 – Sie oo II. Pinneberg in Holstein 30.9.1939 **Walter** Hans **Bürger**, * Gotha 4.7.1914, + Westerland 8.12.1988, Bauingenieur ebd.
oo II. Magdeburg 21.10.1940 Ilse **Lieselotte Boeckle**, * ebd. 3.6.1918, + Westerland 6.2.1987.

Kinder Holst,
erster Ehe:

(a) **Elke** Franziska, * Wenningstedt 18.6.1934;
oo Westerland 15.1.1957 **Richard** Calcott **Selby**, * London-Leigh 13.4.1932, Berufsoffizier a.D. der Kgl. großbrit. Luftwaffe.
- 2 Söhne -

(b) Wolfgang **Werner**, * Hamburg 14.11.1935, Kaufmann;
oo...Karin **Spowoks**, *...25.4.1939.
- 3 Kinder -

zweiter Ehe:

(c) **Heidrun** Erika, * Westerland 6.12.1949, Lehrerin an der Nordkamp-Schule ebd.;
oo I. Wenningstedt 2.6.1972 Sofus F. **Gottschalk**, *...; geschieden
oo II. Westerland 12.4.1985 John **Tasker**, * London 12.7.1943.
- 2 Kinder aus zweiter Ehe -

(d) Holger, * Westerland 5.7.1951, Gastronom zu Guatemala Stadt; unverehel.

c) **Caroline** Inken, * Wenningstedt 18.11.1911, + ebd. 18.10.1981;
oo I. Westerland 24.11.1936 **Friedrich** (Fritz) Wilhelm **Wolf**, * Hamburg 3.12.1912, + Wenningstedt 25.4.1964, Kaufmann;
oo II. Westerland 1.11.1965 **Friedrich** (Fritz) Wilhelm **Bruhn**, * Schleswig 7.2.1911, +..., Betriebsobermeister; geschieden.

Kinder Wolf:

(a) Ute, * Flensburg 6.1.1945, Gymnastiklehrerin;
oo I. Westerland 20.3.1964 Gerhard Alfred **Hennig**, * Stockheim in Ostpreußen 28.2.1942, Maschinenschlosser; geschieden;
oo II. Westerland 16.7.1970 Hans-Georg **Farenburg**, * Hannover 1.11.1925, Lehrer zu Westerland. - 2 Kinder -

(b) **Peter** Friedrich, * Westerland 10.7.1947, Elektriker;
oo Morsum 24.10.1968 Karin **Schmidt**, * ebd. 24.1.1948.
- 1 Tochter -

d) Karl-Heinz, * Wenningstedt 29.12.1915, + Kiel 4.7.1978, Kaufmann ebd.;
oo Sevelen (Kreis Geldern) im Rheinland 14.10.1948 Inge **Robertz**, *...8.1.1928.

Sohn Holst:

Axel, *...6.4.1955;
oo Hamburg 23.10.1988 Sabine **Kücker**, * Kiel 22.5.1956. - 1 Kind -

---

[48] Vgl. Fußnote 47, Auszug aus der Genealogie der Familie Abeling und verwandter Familien.

e) **Willy** Peter, * Wenningstedt 27.3.1917, + ebd. 31.3.1918.

f) **Kurt** Werner, * Wenningstedt 8.2.1920, + ebd. 5.6.1985, Tischlermeister ebd.;
oo I. Keitum 22.10.1947 **Hildegard** Gertrud Emilie **Pieper**, * Greifenberg in Pommern 21.5.1923, + Niebüll 18.6.1971;
oo II. Löhnberg bei Weilburg an der Lahn 15.10.1972 Gerda Ilse Elisabeth **Urban**, *...

Kinder Holst:

(a) **Peter** Martin Ernst, * Westerland 10.3.1948, Tischler;
oo...6.1973 Inga **Jesse**, *...16.2.1952. - 1 Tochter -

(b) Annegret, * Wenningstedt 23.10.1952;
oo Westerland 10.5.1975 Fritz **Dohle**, * ebd. 2.10.1949, Schlachtermeister ebd.
- 1 Adoptivsohn -

f. Heinrich, * Keitum 31.7.1887, + Flensburg 5.1.1960, Kaufmann ebd.;
oo Flensburg 4.11.1916 Dorothea **Ehler**, * Landkirchen auf Fehmarn 12.2.1889, + Flensburg 12.8.1968.

Kinder Holst:

a) Inken, * Flensburg 13.4.1918, + Wiesbaden 19.9.1996;
oo Flensburg 29.11.1947 Rudolf **Ritter**, * Neustadt in Hessen 22.11.1915, Buchhändler zu Wiesbaden.
- 3 Töchter -

b) **Gertrud** Lina, * Flensburg 27.9.1919, + Hannover 12.4.1987;
oo Flensburg 24.8.1944 **Karl** Heinrich Hermann **Mettchen**, * Hannover-Linden 13.12.1918, + Hannover 10.9.2000, Kaufmann ebd. - 2 Kinder -

c) Uwe, * Flensburg 25.12.1921, Hochbauingenieur zu Bad Oldesloe (Kreis Stormarn) in Holstein;
oo Flensburg 26.4.1952 Gertrud **Zylla**, * Kutzburg (Kreis Ortelsburg) in Ostpreußen 1.3.1925; kinderlos.

3. Mantje Nickels, * Nieblum auf Föhr 28.1.1780, + Keitum 7.10.1821; unverehel.

V Wögen Nickels **Wögens**, * auf Föhr 3.11.1774 + Brunsbüttel in Dithmarschen 20.11. 1818, Kgl. dän. Grenzaufseher beim Hafen zu Brunsbüttel;
oo Keitum 10.2.1798 **Inge** (Incken) Boysen **Becker**[49], * ebd. 17.9.1775, + ebd. 12.3.1840 (T.v. Boh Jens **Friedrichsen**[50] [51] [= Boy Jensen Becker], * Keitum 12.5.1736, + ebd. 7.12.1824,

[49] Tante von **Incken** Albert Boysen **Becker**, * Keitum 30.11.1801, + Morsum 3.3.1864; oo Keitum 11.7.1825 Peter Thies **Petersen**, * Braderup 6.1.1792, + Keitum 9.5.1875, Kapitän, Bauernvogt und Postexpediteur ebd., stiftete 1844 der Keitumer Kirche St. Severin ein Schiffsmodell, das über dem Triumphbogen in einem Glaskasten hängt und das älteste Schiffsmodell in den Kirchen der Insel ist.

[50] S.v. Jens **Friedrichsen**, * Hoyer...1703, + Keitum 22.9.1768, Bäcker und Postschreiber ebd.; oo Keitum 23.6.1724 Karen Peter **Hansen**, * ebd. 7.9.1698, + ebd. 7.3.1779. Im Besitz des Herausgebers befindet sich das „Hinter lassensschreiben von Jens Friedrichsen Becker zu Keitum auf der Insul Sylt an seine nachlebenden Kinder", das auszugsweise bei Voß, a.a.O., S. 267 wiedergegeben ist.

[51] Boh Jens Friedrichsen oo III. Keitum 18.11.1780 Ottilie Dorothea **Blechingberg**, * Ballum (Amt Tondern) 16.5.1752, + Keitum 28.1.1808, T.v. Friedrich B., Pastor zu Ballum, u.d. Anna Sophie **Detlefs**. Einer der Halbbrüder von Ottilie Dorothea Blechingberg war der Kgl. dän. Justizrat Daniel **Blechenberg** (* Ballum 31.1.1736, + Keitum 7.7.1802), vormals Verwalter des Schlosses Christiansborg; oo Schloß Christiansborg 28.3.1770 Christina Sophia Friederica **Bruhn**, * Schloß Gottorp bei Schleswig 23.4.1742, + Kopenhagen 26.3.1803, Kammerjungfer von Königin Caroline Mathilde v. Dänemark; vgl. „Blechingberg" Patriciske Slaegter V (1930) S. 33.

Bäcker, Posthalter und Ufervogt ebd.; oo II. Keitum 25.5.1774 Sara **Hansen** [Asmussen], * ebd. 7.8.1751, + ebd. 23.2.1778[52]).[53]

---

[52] T.v. Hans **Asmussen**, * Jündewatt...1720, + Keitum 13.12.1784, Müller, Pächter der Windmühle ebd.; oo Keitum 28.11.1748 **Maren** Erk **Schwennen**, * Morsum 27.8.1714, + Keitum 14.12.1784 (T.v. Erk Schwenn Erichen, * Morsum 19.11.1679, + Amsterdam 22.6.1719; oo Morsum 30.11.1702 Sara **Cruppius**, * Keitum 5.10.1679, + Morsum 19.7.1755, T.v. Jacob[us] C., Pastor zu Keitum; vgl. u. S. 54; Enkelin von Joachim **Rhaneus**, Pastor zu Keitum; vgl. u. S. 54).

[53] Brüder von Sara **Hansen** (Asmussen) (1751-1778):

1. Hans Hansen Müller, * Keitum 22.10.1749, +...vor 1794, Kapitän; 1780 in Kopenhagen portraitiert; oo Keitum 1.9.1775 **Maren** Matz **Bleicken**, * ebd. 8.11.1748, + ebd. 23.4.1815 (T.v. Matz B., * Keitum 19.6.1707, + Hoyer 22.9.1777, Kapitän und Reeder; oo Keitum 6.11.1734 Karen **Schwennen**, * ebd. 2.11.1711, – ebd. 19.9.1792, Schwester von Erkel **Schwennen**; vgl. Fußnote 65, S. 55); vgl. „Bleicken" VI 6 DGB Band 186 (3. Schleswig-Holsteinischer) S. 15.
   Töchter:
   1) Maren Hans Müller, * Keitum 21.6.1776, + ebd. 8.2.1843;
      oo Keitum...**Hinrich** Wulf **Hinrichs**, * ebd. 15.3.1777, + ebd. 17.6.1833, Seefahrer ebd., S.v. Wulf Haulken (Eben), Kapitän ebd., u.d. **Merret** Jens **Schwennen**.
      Töchter Hinrichs (von 5 Kindern):
      (1) Merret, * Keitum 25.6.1809, + ebd. 1.7.1889;
          oo Keitum 30.10.1828 Claas Meinert **Petersen**, * ebd. 5.5.1801, + Altona bei Hamburg 4.7.1851, Kapitän (S.v. Meynert Claas P., Kapitän und Bauernvogt zu Keitum, u.d. **Kressen** Frödde **Andresen**); Bruder von Ingwer Lorenz **Petersen**; vgl. u.
          Sohn Petersen (von 7 Kindern):
          Meinert Claas, * Keitum 27.9.1836, + ebd. 22.1.1905, Kapitän ebd.;
          oo Keitum 4.1.1885 **Pauline** Marie **Lornsen**, * ebd. 15.9.1853, + ebd. 29.9.1936 (T.v. Albert Paul L., * Keitum 19.6. 1825, + 23.10.1900, Schlachtermeister ebd.; oo Keitum 13.3.1853 **Anna** Lorenzen **Klein**, * Braderup 30.1.1825, + Keitum 26.2. 1915), Schwester von **Boy** Dirks **Lornsen**; vgl. Fußnote 47, S. 43.
          - 5 Kinder -
      (2) Kaiken, * Keitum 25.12.1814, + ebd. 10.4.1880;
          oo Keitum 21.11.1837 Wulf Jens **Hansen**, * ebd. 12.1.1809, + ebd. 7.7.1888, Schiffer ebd., S.v. Jens H., Ewerführer, u.d. **Merret** Wolf **Balzer**.
          Tochter Hansen (von 9 Kindern):
          Moyken, * Keitum 15.1.1841, + Wenningstedt 27.6.1919;
          oo Keitum 3.7.1867 Boy **Johannsen**, * Braderup 10.10.1839, + Wenningstedt 31.8.1919, Kreuzzollfahrer, S.v. Berend J., Zimmermann, u.d. Karen **Wögens**; vgl. S. 50.
   2) Inken, * Keitum 8.6.1785, + ebd. 19.9.1847;
      oo Keitum 14.12.1809 Erk **Schwennen**, * ebd. 22.10.1779, + ebd. 30.3.1850, Kapitän und Ältermann ebd., S.v. Schwenn **Erken**, Steuermann, u.d. **Catharina** Albert **Jansen**.
      Kinder Schwennen (von 5 Kindern):
      (1) Moiken, * Keitum 6.11.1810, + ebd. 11.12.1882;
          oo Keitum 8.12.1836 Ingwer Lorenz **Petersen**, * ebd. 6.3.1812, + (auf See) 28.5.1843, Kapitän (S.v. Meynert Claas P., Kapitän und Bauernvogt zu Keitum, u.d. **Kressen** Frödde **Andresen**); Bruder von Claas Meinert **Petersen**; vgl. o.
          Tochter Petersen (von 2 Kindern):
          Christine Ingeline, * Keitum 9.9.1842, + ebd. 8.5.1901;
          oo Morsum 20.6.1862 Jens Peter **Petersen**, * Morsum 18.11.1840, + ebd. 23.9.1893, Landwirt ebd., S.v. Jens Jens P., Kapitän zu Morsum, u.d. **Gundel** Jensen **Klein**; geschieden.
          Tochter Petersen:
          Ingeline Lorenze, * Keitum 4.2.1863, + Kiel 20.10.1928;
          oo Keitum 21.8.1883 **August** Magnus Diedrich Theodor **Schnell**, * Wilsen in Mecklenburg 7.7.1857, + Glückstadt 3.1.1948, Oberpostsekretär a.D., vordem Postverwalter zu Lügumkloster, Tondern und Kiel, S.v. Carl Friedrich Wilhelm S. u.d. Lucie Elise Franziska **Brüll**.
          Tochter Schnell:
          Martha Caroline Friederike, * Lügumkloster 26.9.1884, + Grabau (Kreis Herzogtum Lauenburg) 18.8.1960;

Kinder Wögens:

1. Boy, * Keitum 21.9.1798, s. VI.

2. Sara, * Keitum 5.6.1801, + ebd. 23.6.1825; unverehel.

3. Karen, * Keitum 7.7.1803, + ebd. 6.4.1890;
oo Keitum 16.6.1828 Berend **Johannsen,** * Husum 14.9.1803, + erfroren bei Westerland 10.12.1855, Zimmermann, S.v. Joachim J., aus Hohn, u.d. **Christine** Justine **Matzen.**

Kinder Johannsen:

1) Julius, * Keitum 23.9.1828, + auf einer Seereise nach Havanna...1844.

2) Justina, * Keitum 23.7.1830, + Süddorf auf Amrum 7.9.1913;

---

oo Gettorf bei Kiel 12.10.1909 Johannes **Karl** August **Schmidt,** * Müssen (Kreis Herzogtum Lauenburg) 2.12.1883, + Bad Oldesloe (Kreis Stormarn) 17.4.1950, Hauptlehrer (S.v. Johann Joachim Nicolaus S., * Müssen 13.7.1850, + ebd. 4.11.1912, Landwirt und Gemeindevorsteher ebd.; oo Wotersen [Kreis Herzogtum Lauenburg] 12.7.1881 Maria Dorothea Sophia **Gerdts,** * Groß-Pampau [Kreis Herzogtum Lauenburg] 6.10.1861, + Neumünster 3.1.1951).
Sohn Schmidt (von 2 Kindern):
Karl Joachim August **Schmidt** genannt **Schmidt-Rodenäs,** * Neumünster 9.11.1910, + Hamburg 9.1.1992, Hauptlehrer a.D. zu Rodenäs, Genealoge, Verfasser zahlreicher genealogischer Publikationen; Träger des C.-P.-Hansen-Preises;
oo Niebüll 10.6.1944 Marianne **Rohlfs,** * Esenshamm/Unterweser 25.4.1925 (T.v. Karl Hermann **Friedrich** R., * Rodenkirchen/Unterweser 15.7.1890, + ebd. 2.2.1974, Postbeamter ebd., u.d. **Ida** Gesine **Flint,** * Esenshamm 3.9.1900).
- 3 Kinder -

(2) Jens Erk, * Keitum 8.10.1817, + ebd. 7.2.1884, Kapitän ebd.;
oo Altona bei Hamburg 10.10.1845 **Erkel** Boy **Dirks,** * Keitum 1.3.1819, + ebd. 16.4.1874, T.v. Dirk Boy D., Landwirt ebd., Kirchenjurat, u.d. Elisabeth **Hawks.**
Töchter Schwennen (von 8 Kindern):
a. **Louise** Ingeline, * Keitum 30.7.1846, + ebd. 25.1.1909;
oo Keitum 11.3.1891, ihren Schwager, **Nann** Peter(sen) **Mungard,** * ebd. 30.6.1849, + Mögeltondern 30.7.1935, Kapitän, Landwirt und Schriftsteller zu Keitum, 1909 Herausgeber eines friesischen Wörterbuchs (S.v. Claus Niels M. u.d. Anna Cathrine **Tychsen** [Tyggesen]); vgl. Nann Peter Mungard, Der Friese Jan, Lebenserinnerungen eines Sylter Kapitäns, hrsgg. von Hans Hoeg, 1989; vgl. ferner Hermann Schmidt, Zur Geschichte des Syltringischen Schrifttums, in: Friesisches Jahrbuch 1961, S. 59ff., 72f. u. 81ff.
b. **Elisabeth** Emilie, * Keitum 3.1.1855, + ebd. 6.10.1889;
oo Keitum 11.5.1884 **Nann** Petersen **Mungard**; vgl. o.
Sohn Mungard, erster Ehe:
a) **Jens** Emil, * Keitum 9.2.1885, + KZ Oranienburg 13.2.1940, Landwirt zu Keitum, Dichter;
oo...1910 **Anna** Maria **Andresen,** *...auf Föhr 13.3.1886, +...10.5.1957; geschieden.
- 3 Kinder -
b) **Claus** Niels, * Keitum 3.4.1886, +..., Ingenieur, wanderte nach Südamerika aus.

(3) Albert Erk, * Keitum 25.6.1820, + Burg auf Fehmarn...1907, Kapitän, Feuermeister der Marienleuchte auf Fehmarn;
oo Keitum 2.3.1848 **Jayken** Hans **Buchholz,** * ebd. 11.5.1828, + Burg auf Fehmarn...1909, T.v. Hans Hinrich B., Obersteuermann, u.d. **Merret** Hans **Jensen,** Tante von Hans Hinrich **Buchholz**; vgl. o., Thomsen-Genealogie, S. 21.
- 8 Kinder -

2. Asmus Hans Asmussen, * Keitum 27.11.1753, +...
3. Erich Peter Hans Asmussen, * Keitum 1.6.1756, + auf der Elbe während der Fahrt nach Sylt 1.6.1782.

oo Keitum 14.10.1860 Lorenz **Andresen**, * Westerholz bei Schwesing 6.9.1835, + Süddorf auf Amrum 17.1.1921, Dünenpflanzer auf Amrum; kam Ende der 1860er Jahre nach Amrum und hat das Amt des Dünenpflanzers bis zu seinem Eintritt in den Ruhestand 1914 ausgeübt, S.v. Christian A., Landwirt, u.d. **Anna** Christina **Andresen**.

Kinder Andresen:

(1) Caroline Maria, * Keitum 4.9.1866, +..., wurde am 4.9.1881 zu Nebel auf Amrum konfirmiert, keine weiteren Nachrichten.

(2) Justine **Lorenze**, * Nebel auf Amrum 7.9.1870, + Süddorf auf Amrum 15.9.1945;
oo Nebel 24.10.1890 Julius William **Carlson** (Carl) **Jannen**, * Süddorf 25.10.1862, + ebd. 18.6.1947, Landwirt ebd. (S.v. **Cornelius** Mangnussen J., * Süddorf 28.2.1830, + ebd. 5.11.1900, Kapitän; oo Nebel 8.9.1854 Marianne Charlotte Mathilde **Tychsen**, * Lunden 27.10.1830, + Süddorf 14.12.1906).

Kinder Jannen:

a. Irene Eleonore, * Süddorf 10.9.1891, +..., USA...;
oo Nebel 31.10.1909 Cornelius **Peters**, * Westerland 16.4.1888, +..., USA...(S.v. Carl Manuel P., * Westerland 29.12.1858, + ebd. 14.8.1929; oo Westerland 26.10.1883 Hilda **Boysen**, * ebd. 31.7. 1865, + ebd. 25.11.1915).
- 3 Kinder -

b. Jonny Gustav, * Süddorf 19.6.1893, +..., USA...;
oo Nebel 26.12.1918 **Eike** Henriette **Johannen**, * Norddorf auf Amrum 31.10.1898, +..., USA..., T.v. Deodor J. u.d. Gardine **Rörden**.
- 2 Söhne -

c. Alwin Leonhard, * Süddorf 1.10.1895, +...,USA...;
oo Süderende auf Föhr 30.4.1920 Christina Hardina **Petersen**, * Hedehusum auf Föhr 7.1.1897, +..., USA..., T.v. Hans H. P u.d. Elke **Rörden**.

d. Karl Lanona, * Süddorf 2.7.1897, + St. Peter-Ording 31.1.1976;
oo....16.5.1920 Marta Wibekke **Jensen**, * Dunsum auf Föhr 7.3.1898, +..., T.v. August J. u.d. Gardine **Riewerts**.

e. Hugo Tantau, * Süddorf 28.2.1900, +..., USA 19.2.1956; oo New York (USA)...

f. Cornelius Martil, * Süddorf 13.2.1902, +..., Landwirt in den USA; oo...

g. Catharina Lorenze, * Süddorf 23.2.1903, +..., USA...;
oo New York (USA)...1928 Max **Boysen**, *..., +..., USA

h. Cäcilie Carmelita, * Süddorf 4.7.1906, +..., USA...;
oo New York (USA) 17.11.1929 Cornelius **Jürgens**, * auf Föhr..., +..., USA...

i. **Juliane** Mathilde, * Süddorf 13.2.1910, + ebd. 11.7.1979;
oo I. Nebel 23.4.1929 Max **Matzen**, *..., +...; geschieden;
oo II. Nebel 28.7.1935 Georg Johannes **Gerrets**, * Süddorf 1.5.1899, + vermißt im Zweiten Weltkrieg, S.v. Gerret Christian G. u.d. Emilie **Cöster**.
- 2 Kinder-

(3) **Karl** Christian, * Nebel auf Amrum 31.7.1873, + Süddorf 12.9.1962, Verwaltungsangestellter; unverehel.

3) Inge, * Keitum 12.11.1831, + ebd. 3.10.1860; unverehel.

4) Berend, * Braderup 30.6.1833, +...nach 1890, Farmer in Californien;
Berend Johannsen, Farmer in Californien, und seine Frau werden 1873 als Paten ihres Neffen Karl Christian Andresen (1873-1962) genannt.

5) Wögen, * Braderup 8.4.1835, +...nach 1890, keine weiteren Nachrichten.

6) Caroline, * Braderup 6.3.1837, + Keitum 17.6.1865; unverehel.

7) Boy, * Braderup 10.10.1839, + Wenningstedt 31.8.1919, Kreuzzollfahrer auf der Insel Sylt;
oo Keitum 3.7.1867 **Moyken** Wulf **Hansen**[54], * ebd. 15.1.1841, + Wenningstedt 27.6.1919 (T.v. Wulf Jens H., * Keitum 12.1.1809, + ebd. 7.7.1888, Schiffer und Norwegenfahrer ebd.; oo Keitum 21.11.1837 **Kaiken** Wulf **Hinrichs**, * ebd. 25.12.1814, + ebd. 10.4.1880).

Söhne Johannsen:

(1) Bernhard, * Keitum 2.4.1868, + Wenningstedt 27.1.1935, Steuermann, Beamter der Hafenpolizei Hamburg;
oo...24.12.1895 Jenny Christina **Bundis**[55], * Wenningstedt 1.12.1871, + Hamburg 9.9.1901 (T.v. Rinke Hans B., * Morsum 4.9.1827, + Wenningstedt 13.5.1877, Schiffskapitän, Strandvogt der Norddörfer; oo...28.3.1865 Caroline Marie **Teunis**, * Wenningstedt 27.4.1841, + Kiel 22.2.1924); kinderlos.

(2) Walther, * Keitum 9.10.1873, + Hamburg 5.9.1932, Ingenieur bei der Sloman-Linie zu Hamburg;
oo Hamburg 7.5.1902 Catharina Magdalena **Petersen**, * Braderup 5.8.1874, + Wenningstedt 16.9.1953 (T.v. **Andreas** Christian Peter P., * Ladelund 24.10.1838, + Braderup 1.3.1875; oo Keitum 10.10. 1867 **Beate** Christine **Bohn**, * Braderup 17.3.1848, + ebd. 2.6.1930).

Tochter Johannsen:

Dora, * Hamburg 18.2.1908, + Wenningstedt 14.9.1995;
oo Wenningstedt 6.10.1930 **Hermann** Paul **Schmidt**, * Braderup 10.11.1901, + Wenningstedt 3.7. 1979, Rektor i.R., Friesendichter und Sprachforscher, Träger des Bundesverdienstkreuzes und des C.-P.-Hansen-Preises, Ehrenmitglied des Nordfriesischen Vereins; Verfasser zahlreicher heimatkundlicher Publikationen[56]; 1925-1927 Lehrer zu Wyk auf Föhr, 1927 zu Westerland, sodann zu Tinnum und schließlich an der Schule der Norddörfer, deren Rektor (S.v. **Carl** Clausen Sch., * Tondern 15.8.1873, + Braderup 23.5.1957, Zimmermann und Bauunternehmer in Firma „C. Schmidt" ebd.; oo Morsum 21.10.1900 **Therese** Mathilde **Simonsen**, * ebd. 23.3. 1880, + Braderup 24.3.1949).
- 2 Töchter -

8) Catharina, * Braderup 7.3.1842, + Tinnum 20.7.1917; unverehel.

9) Julius, * Braderup 14.3.1845, +...vor 1884, Steuermann;
oo Westerland 10.1.1869 Caroline Brigitta **Andresen**, * ebd. 25.2.1846, +...(T.v. Peter Boy A. , * Tinnum 26.8.1816, + Rantum 12.9.1897; oo Westerland 25.5.1845 Ingeburg **Hinrichs**, * ebd. 16.2.1821, + La Guaira [Venezuela]...1854).

Kinder Johannsen:

(1) Ingeburg, * Westerland 12.5.1869, +..., wurde am 16.3.1884 zu Westerland konfirmiert.

(2) Bernhard, * Westerland 23.7.1872, +..., wurde am 18.3.1888 zu Westerland konfirmiert.

(3) Nicolaus, * Westerland 10.4.1877, + Halberstadt 27.9.1950, keine weiteren Nachrichten.

---

[54] Vgl. Fußnote 53, S. 49.

[55] Schwester von **Jens** Peter **Bundis**, * Wenningstedt 4.8.1869, + ebd. 5.5.1957, Direktor der Provinzialblindenanstalt; oo Gelting 17.11.1893 **Betty** Emilie **Viereck**, * Kappeln 16.2.1869, + Wenningstedt 30.4.1951.

[56] Vgl. Andreas Reinhardt, Hermann Schmidt, Bibliographie, Bredstedt 1994.

4. Nickels, * Keitum 15.8.1807, + ebd. 7.5.1808.

5. Jens, * Keitum 15.8.1807 (Zwillingsbruder von 4), + ebd. 23.6.1809.

6. Niels (Nickels), * Keitum 1.6.1809, + in der Elbmündung 1.1.1843[57], Seefahrer, Erster Steuermann; unverehel.

7. totgeborener Sohn, *+ Keitum 3.11.1811.

VI Boy **Wögens**, * Keitum 21.9.1798, + im Atlantik 19.9.1839[58], Seefahrer, Erster Steuermann;
oo Keitum 28.8.1827 **Maren** Simon **Rohde**, * ebd. 14.11.1801, + ebd. 1.11.1878 (T.v. Schwenn Marcus R., ~ Keitum 10.2.1762, + in England 1811[59], Kapitän; oo Keitum 13.12.1787 **Karen** Peter Jensen **Groot**[60], * ebd. 24.7.1764, + ebd. 3.3.1825 [T.v. Peter Jensen G., * Keitum 12.4.1727, + ebd. 15.6.1781, Kapitän ebd. {Bruder von Boh Jens Friedrichsen {1736-1824}; vgl. S. 48}; oo Keitum 10.4.1761 **Maren** {Marrin} Hinrich **Knuten**, * ebd. 10.9.1726, + ebd. 4.5.1792]).

Großeltern Rohde: Marcus R., *...1712, + Hamburg...1764, Kapitän; oo Keitum 30.11.1752 Cathrine **Schwennen**, ~ ebd. 13.10.1731, + ebd. 2.4.1795, Hebamme – Sie oo II. Keitum 15.7.1768 Hans **Nickelsen**, * Nieblum auf Föhr im September 1726, + Keitum 19.11.1791, 1762 Schulmeister zu Tinnum, 1763-1784 Schulhalter und Küster zu Keitum (S.v. Nickels **Jensen**, * Nieblum 17.8.1704, + ebd. 2.10.1774, Seefahrer; oo...1725 Inge **Jacobs**, * Nieblum im Dezember 1701, + Keitum 27.6.1783).

---

[57] Niels (Nickels) Wögens wurde nach dem Bericht seines Neffen, Kapitän Schwenn Wögens (1833-1920), als Erster Steuermann auf der Schonerbrigg „Margareta" am 1.1.1843 auf der Reise von Venezuela nach Hamburg während eines Sturmes durch eine Sturzwelle in der Elbmündung über Bord geschlagen.

[58] Boy Wögens wurde nach dem Bericht seines Sohnes, Kapitän Schwenn Wögens (1833-1920), als Erster Steuermann auf dem Hamburger Schiff „Adolph" am 13.9.1839 auf der Reise von Havanna nach Hamburg während eines heftigen Orkanes durch eine Sturzsee beim Kappen der Masten über Bord geschlagen.
Im Besitz des Herausgebers befindet sich ein Fernglas, das sich Boy Wögens 1830 in London anfertigen ließ.

[59] Kapitän Schwenn Marcus Rohde starb in englischer Kriegsgefangenschaft als ihm seine Befreiung angekündigt wurde, nach der Überlieferung, vor Freude.

[60] Bruder von Karen **Rohde**, geb. **Groot** (1764-1825): Jens Peter **Groot**, * Keitum 13.8.1767, + ebd. 12.6.1853, Kapitän ebd.;
oo I. Keitum 19.12.1793 **Jey** Bleick Matzen (**Bleicken**), * ebd. 8.11.1772, + ebd. 29.9.1812;
oo II. Keitum 11.2.1813, seine Schwägerin, **Dorothea** Bleick Matzen (**Bleicken**), * ebd. 18.11.1774, + ebd. 4.10.1862 (T.v. Bleick Matzen, * Keitum 19.8.1735, + ebd. 11.10.1805, Kapitän und Reeder ebd.; oo II. Keitum 7.1.1772 Anna **Jordt**, *...25.1.1750, + Flensburg 21.11.1829); vgl. „Bleicken" VII 4 und 5 DGB Band 186 (3. Schleswig-Holsteinischer) S. 18.
Sohn Groot (von 10 Kindern):
Hinrich Jensen, * Keitum 11.12.1809, + ebd. 1.2.1886, Kapitän ebd., 1871 Gemeindevorsteher;
oo Keitum 18.12.1835 **Kaiken** Peter **Sörensen**, * ebd. 7.2.1811, + ebd. 16.11.1890, T.v. Peter Erck S., Seefahrer, u.d. **Inge** Jens **Rincken**; Schwester von **Erkel** Erk **Sörens**; vgl. Fußnote 47, S. 44.
Sohn Groot (von 7 Kindern):
Jens Petersen, * Keitum 5.4.1841, + ebd. 9.6.1891, Kapitän ebd.;
oo Keitum 14.6.1867 Mathilde **Lornsen**, * ebd. 24.1.1844, + ebd. 1.9.1912, T.v. Cornelius Diedrich L., Kapitän zu Keitum, u.d. **Dürken** Jens **Jensen**.
Sohn Groot (von 4 Kindern):
Hinrich, * Keitum 7.7.1872, + ebd. 5.11.1936, Landwirt und Spediteur ebd.;
oo Keitum 28.7.1899 **Sophie** Dorothea Henriette **Teunis**, * Keitum 9.9.1874, + ebd. 27.2.1964 (T.v. **Eduard** Schwen Jürgen T., * Kiel 3.2.1841, + Keitum 30.1.1896, Kapitän ebd.; oo Keitum 12.2.1874 Maiken [„Moi"] **Lornsen**, * ebd. 16.3.1852, + ebd. 21.3.1935; vgl. Fußnote 81, S. 59); kinderlos.

Urgroßeltern Rohde: Jürgen R., * Galmsbüll...1674, + Keitum 6.5.1754; oo...Judith **Cruppius**, * Keitum 24.11. 1682, + ebd. 28.1.1754 (T.v. Jacob[us] C.[61], * Stolp in Pommern 4.7.1637, + Keitum 29.8.1708, Pastor an St. Severin ebd. [1675-1708], 1699 **STIFTER DER KANZEL VON ST. SEVERIN**; Schulbesuch zu Stolp, Studium zu Greifswald 14.3.1657 und Kiel 22.6.1667, Examen und Ordination zu Schleswig 10.3.1660, 27.3.1670 Adjunkt zu Keitum, 1675-1708 Pastor ebd.; oo Keitum 7.5.1670 Catharina **Rhaneus**, * ebd. 24.6.1649, + ebd. 17.11.1728 [T.v. Joachim R.[62]{* Plathe [Kreis Regenwalde] in Pommerm im November 1595, + Keitum 18.10.1675}, Pastor an St. Severin {1641-1675}, vordem seit 1623 Diaconus zu Horsbüll bei Emmelsbüll; Pastor Joachim Rhaneus war vermutlich mit einer Tochter von Jacob **Boetius** verheiratet, der nach seinem Studium zu Rostock {1591} und Wittenberg {1602} 1604-1629 Pastor an St. Johannis zu Nieblum auf Föhr war. Verheiratet hatte sich Jacob Boetius vor 1611 mit Drude **Mauritius**, der Witwe seines Nieblumer Amtsvorgängers Ocke **Rauerts** {Otho Richardus}. Drude Mauritius war eine Tochter von Bernhard **Mauritius** {* Minden...1532, + Eckernförde 6.12.1574}, der 1554-1574 als Pastor zu Eckernförde wirkte]).

Kinder Wögens:

1. Wögen Boy, * Keitum 21.2.1828, + ebd. 17.10.1846, Seefahrer.

2. **Caroline** Boy, * Keitum 27.3.1831, + ebd. 17.1.1904[63];
oo Keitum 6.6.1862 Jürgen Jens **Nielsen**[64], * ebd. 5.2.1830, + ebd. 23.2.1908, Schiffer und Seefahrer, Landwirt ebd. (S.v. Samuel **Nickelsen**, * Tinnum 26.11.1795, + auf See im Winter 1830/1831, Steuermann; oo Keitum 30.8.1825 **Merret** Mochel **Knuten**[65], * ebd. 8.11.1793, + ebd. 28.4.1881)[66].

---

[61] Vgl. Rudolf Möller, Die Pastoren der evangelisch-lutherischen Kirchengemeinde Keitum (Sylt) und ihre Familien, in: Zeitschrift für Niederdeutsche Familienkunde, Heft 4/1991, S. 395.

[62] Vgl. Fußnote 61, a.a. O. S. 394.

[63] Der Grabstein der Eheleute Nielsen befindet sich noch heute auf dem Nielsen-Thomsen-Borstelmannschen Familiengrab zu Keitum.

[64] Brüder von Jürgen Jens **Nielsen** (1830-1908) und deren Nachkommen:
1. Michel Claas, * Keitum 3.5.1826, + Itzehoe (Kreis Steinburg) in Holstein 12.2.1903, Hauptzollamtsassistent a.D. ebd., vordem Zollassistent zu Burg in Dithmarschen;
oo I. Burg 2.11.1858 **Caroline** Marie **Schütt**, * ebd. 5.4.1841, + ebd. 12.3.1864, T.v. Hinrich Sch. u.d. Wilhelmine **Struve**;
oo II. Itzehoe 13.3.1868 Fanny Henriette Auguste **Mathilde Hanssen**, * Sande...1841/42, +..., T.v. Jens H., Zollassistent, u.d. Fanny Amanda Mathilde **Goos**.
Kinder Nielsen, erster Ehe:
1) **Marie** Wilhelmine Christine, * Burg in Dithmarschen 6.2.1861, + Husum 28.2.1938;
oo Itzehoe 17.1.1890 **Karl** Heinrich Christian **Dittmann**, * Husum 7.7.1857, + ebd. 27.2.1939, Bäckermeister ebd., S.v. Heinrich Carl Friedrich D., Bäckermeister ebd., u.d. Bardina Magdalena **Petersen**.
Kinder Dittmann:
(1) **Friedrich** (Fritz) Wilhelm Claus, * Husum 17.11.1890, +..., nach 1925, keine weiteren Nachrichten.
(2) **Elly** Mathilde Cornelia Marie, * Husum 27.4.1904, + ebd. 27.2.1985, unverehel; verbrachte ihre letzten Lebensjahre im „Gasthaus zum Ritter St. Jürgen" (Stift) am Osterende zu Husum, Schauplatz der im Frühjahr 1867 von Theodor Storm verfaßten Novelle „In St. Jürgen".
2) Hinrich Samuel, * Burg in Dithmarschen 5.3.1864, + ebd. 12.3.1864.
Tochter Nielsen, zweiter Ehe:
3) Emma Caroline Mathilde Rosette, * Itzehoe 4.10.1869, +...
2. Simon Peter, * Keitum 5.2.1830, + 1849 zur See verunglückt (Zwillingsbruder von Jürgen Jens Nielsen).

[65] **STAMMREIHE** von Merret Nielsen, geb. Knuten (1793-1881):
I Manni **Bundiß**, *..., +..., zu Morsum, er wurde während des Dreißigjährigen Krieges am 18.5.1628 von Kaiserlichen Truppen nach Tondern verschleppt.
Sohn:
II Lorentz **Mannis**, *...1599, + (durch Feuer in seinem Hause) Morsum 9.7.1657, Ratmann und Kirchspielvogt zu Morsum;
oo...**Frödden**, *..., +..., T.v. Frödde **Frödden** (+ 1635), Landvogt auf Sylt (1623-1635).

Kinder Nielsen:

1) **Sophie** Severine, * Keitum 13.10.1863, + ebd. 21.3.1935;
oo Keitum 16.1.1885 Hans Christian **Thomsen**[67], * ebd. 20.9.1855, + ebd. 3.3.1936, Landwirt und Schiffszimmermann ebd., Besitzer einer Werft zu Munkmarsch (S.v. Hans Christian T., * Hoddebüll Deich bei Emmelsbüll 29.1.1804, + Keitum 3.11.1875, Schiffer [Watten- und Austernfischer], Schiffszimmermann und Segelmacher ebd.; oo II. Keitum 22.2.1839 **Christine** Maria Jürgen **Peters**, * ebd. 24.3.1811, + 9.11.1905).

Kinder Thomsen:

(1) **Caroline** (Lina) Mathilde, * Keitum 26.2.1885, + Morsum 15.7.1988;

Sohn:
III Frödde **Lorentzen**, * Morsum...1637, + ebd. 23.1.1691, Kirchspielvogt und Ratmann ebd.;
oo Morsum 14.11.1658 Erkel **Mannis**, * ebd. im August 1637, + ebd. 24.11.1704.
Sohn:
IV Lorentz Frödde **Lorentzen**, * Morsum 23.9.1666, + Archsum 5.1.1739, Ratmann und Landmann ebd.;
oo Morsum 22.11.1694 **Karin** Jens **Erken**, * Archsum 17.8.1671, + ebd. 29.1.1757, T.v. Jens E., Ratmann und Landmann zu Archsum.
Sohn:
V Jens Lorentz **Früdden**, * Archsum 6.12.1712, + Curacao in Westindien...1760, Kapitän;
oo Keitum 2.1.1742 Erkel **Schwennen**, * ebd. 4.4.1718, + Archsum 4.12.1773 (T.v. Schwenn **Jürgens**, * Keitum...1663, + auf See vor Hörnum 1.9.1724, Ratmann, Schiffer [Grönlandfahrer] und Austernfischer zu Keitum; oo Keitum 25.11.1700 Jey [Gay] **Andresen**, * ebd. 2.4.1673, + ebd. 15.11.1746, T.v. Muchel **Andresen**, um 1640 Besitzer des heutigen Hauses Thomsen-Borstelmann zu Keitum, vgl. o. Thomsen-Genealogie, Fußnote 2).
Tochter:
VI **Inge** Jens **Lorentzen**, * Archsum 13.10.1748, + Keitum 27.6.1833;
oo I. Keitum 4.2.1773 Peter Erk **Thamen**, * ebd. 1.4.1754, + Le Havre (Frankreich) 11.11.1778, Seefahrer, S.v. Erck Peter (Boh) T., Schiffer zu Keitum, u.d. **Inge** Peter **Jensen**; vgl. o. Thomsen-Genealogie, Fußnote 20;
oo II. Keitum 21.1.1781 **Mochel** Knuten **Mochels**, ~ ebd. 8.7.1750, + auf See...1796, Seefahrer, Steuermann, S.v. Knut **Mochels** (Knuten), aus Keitum, u.d. Christen **Lorentzen**, aus Tinnum.
Tochter von **Mochel** Knuten **Mochels** und **Inge** Jens **Lorentzen**:
VII **Merret** Mochel **Knuten** (1793-1881); vgl. o.
Bruder von **Inge** Jens **Lorentzen** (1748-1833): Jürgen Jens **Lorentzen**, * Archsum 18.6.1759, + Keitum 14.10.1843, Kapitän und Ratmann ebd.;
oo I. Keitum 7.10.1784 Christen **Ufen**, * Keitum 27.6.1759,+ ebd. 7.7.1815;
oo II. Keitum 12.3.1818 **Maren** Hans **Jepsen**, * Tjereborg (Amt Ripen) 22.9.1782, + Keitum 14.10.1866.
Sohn erster Ehe:
1. Uwe Jens **Lornsen**, * Keitum 18.11.1793, + (Freitod) am Genfer See im Februar 1838, Landvogt; 1816-1820 Studium der Rechte zu Kiel und Jena, 1822-1830 Beamter der Schleswig-Holstein-Lauenburgischen Kanzlei zu Kopenhagen, 1826 Kgl. dän. Kanzleirat, 1830 Landvogt auf Sylt, wurde aber kurz nach seiner Ernennung wegen seiner Bestrebungen, eine Verwaltungsreform und eine die Herzogtümer verbindende Verfassung zu erreichen, verhaftet, zu einem Jahr Festungshaft verurteilt und seines Amtes enthoben; vgl. Schleswig-Holsteinisches Biographisches Lexikon, Band I, Neumünster 1970, S. 188ff. m.w.N.).
Sohn zweiter Ehe:
2. **Cornelius** Jürgen **Lorenzen** (1818-1865), Vater von Jenny Maria **Lornsen** (1844-1884), die 1865 Kapitän Schwenn **Wögens** (1833-1920) heiratete; vgl. S. 59.

[66] Aus dem Nielsenschen Hause wurden nach dem Tode der Eheleute Nielsen 1908 eine kleine Stube und der Pesel vom Altonaer Museum in Hamburg erworben, wo sie noch heute zu besichtigen sind; vgl. Hildamarie Schwindrazheim, Führer durch die Bauernstuben des Altonaer Museums, Hamburg 1967, S. 36f.

[67] Vgl. o. Thomsen-Genealogie, S. 27.

oo Keitum 14.10.1910 Bernhard **Thiessen**[68], * Morsum 20.11.1887, + Westerland 21.4.1948, Landwirt zu Morsum (S.v. Boy Simon T., * Morsum 1.8.1843, + ebd. 12.4.1923; oo Morsum 1.4.1870 Margarete Annaline **Claasen**, * ebd. 29.4.1848, + ebd. 20.2.1937).

Kinder Thiessen:

a. **Margarethe** Betty, * Morsum 29.4.1918;
oo Morsum 17.10.1936 **Anton** Martin **Meinertz**, * ebd. 16.3.1912, + Westerland 25.8.1981, Malermeister zu Morsum (S.v. **Otto** Martin M., * Morsum 21.9.1881, + ebd. 24.2.1953, Landwirt ebd.; oo Morsum 23.5.1911 Gondeline Amanda **Matzen**[69], * ebd. 2.4.1888, + ebd. 12.9.1944).
-3 Kinder-

b. **Boy** Simon, * Morsum 7.5.1921, Landwirt ebd.;
oo Morsum 4.8.1949 **Hildegard** Rita Elwine **Bruhs**, * Düssin (Kreis Cammin) in Pommern 4.8. 1929 (T.v. Erich Emil B., * Triebsow [Kreis Cammin] 23.4.1902, + Westerland 9.10.1978, Landwirt; oo Jassow [Kreis Cammin] 20.8.1926 Maria Therese **Affeldt**, * Emilienhof [Kreis Cammin] 17.4.1901, + Westerland 11.4.1984).
-1 Tochter-

(2) **Christine** Marie, * Keitum 20.4.1886, + Hennstedt (Kreis Steinburg) in Holstein 20.2.1968;
oo Keitum 24.2.1911 **Hugo** Ernst Hinrich **Borstelmann**, * Wakendorf II (Kreis Segeberg) in Holstein 11.8.1882, + Hennstedt 10.3.1975, Kaufmann, Gründer und Inhaber der Firma „Hugo Borstelmann & Sohn“ ebd., vordem „Gebrüder Borstelmann“; er war, bevor er sein eigenes Geschäft begründete, Kommis der Firma „H.B. Jensen“ zu Westerland (S.v. Johannes **Adolf** B., * Bergstedt [Kreis Stormarn], heute Hamburg, 6.3.1853, + Wakendorf II 24.5.1935, Kaufmann ebd., Gründer und Inhaber der Gemischtwarenhandlung „J.A. Borstelmann“ ebd.; oo...8.3.1881 Minna Marie **Magdalena Teegen**, * Stuvenborn [Kreis Segeberg] 22.8.1856, + Wakendorf II 7.12.1931).

Kinder Borstelmann:

a. **Adolf** Hans, * Hennstedt 21.11.1911, + ebd. 30.9.1997, Kaufmann, Inhaber der Firma „Hugo Borstelmann & Sohn“ ebd.;
oo Hennstedt 23.3.1940 **Herta** Alwine **Jöns**, * Armstedt (Kreis Segeberg) in Holstein 10.8.1915, T.v. Johann J., Landwirt, u.d. **Alwine** Emma Dorothea **Zornig**.
-2 Kinder-

b. **Sophie** Magdalena, * Hennstedt 29.1.1913, + Lägerdorf (Kreis Steinburg) 11.2.1999;
oo Hennstedt 1.4.1934 **Kurt** Walter **Treudler**, * Lägerdorf 19.8.1909, + ebd. 14.8.1999, Kaufmann ebd., S.v. Johannes T., Kaufmann, Inhaber der Firma „Johs. Treudler“ zu Lägerdorf.
- 3 Kinder -

(3) **Hulda** Christiane, * Keitum 14.6.1887, + ebd. 16.4.1976;
oo Keitum 16.8.1912 Ernst **Max Sprössig**, * Wermsdorf in Sachsen 29.3.1885, + Keitum 19.3.1951, Bankbeamter zu Waldenburg in Schlesien, S.v. Friedrich Ernst S. (1846-1928), zu Wermsdorf in Sachsen.

Söhne Sprössig:

a. **Hans** Ernst, * Waldenburg in Schlesien 7.8.1914, Berufssoldat a.D. zu Keitum;
oo Keitum 4.4.1953 **Jenny** Ingeline **Klein**, * ebd. 7.8.1922 (T.v. **Heinrich** Conrad K.[70], * Keitum 9.2.1882, + Niebüll 13.12.1938, Landwirt zu Keitum, u.d. **Margarethe** Elisabeth **Sobiela**, * Keitum 27.6.1884, + ebd. 17.12.1968[71]). - 3 Kinder -

---

[68] Vgl. Fußnote 33.
[69] Vgl. Fußnote 34.
[70] Vgl. Fußnote 35.
[71] Vgl. Fußnote 36.

b. Uwe, * Waldenburg in Schlesien 21.7.1920, + vermißt im Osten 1945.

(4) Wilhelm, * Keitum 20.7.1888, + auf See vor List beim Bergen von Strandholz 1.11.1922[72]; unverehel.

(5) Jürgen, * Keitum 17.11.1889, + auf See vor List beim Bergen von Strandholz 1.11.1922[73], Schiffszimmermann; unverehel.

(6) **Martha** Henriette, * Keitum 25.9.1891, + Morsum 7.4.1967;
oo Keitum 9.8.1921 **Carl** Emil **Volquartzen**, * Archsum 3.3.1894, + Morsum 22.7.1974, Landwirt ebd., S.v. **Carsten** Jensen V., Landwirt zu Archsum, u.d. Catherina **Cornelia Bleicken**.

Sohn Volquartzen:

Carl Conrad, * Morsum 12.11.1922, Kaufmann;
oo Westerland 17.5.1958 **Gerda** Johanna **Hohm**, * Neuthal bei Posen 3.1.1929 (T.v. Paul Hermann H., * Steinhorst [Kreis Neutomischel], Provinz Posen, 5.9.1893 + Westerland 19.2.1985, Landwirt zu Neuthal; oo Neuthal 10.4.1923 **Emma** Anna Adelheid **Freitag**, * ebd. 5.1.1900, + Morsum 10.3.1994).
-3 Kinder-

(7) **Sophie** Severine, * Keitum 21.3.1893, + ebd. 30.11.1986;
oo Keitum 25.3.1926, den Bruder ihres Schwagers, **Ludwig** Johann Joachim **Borstelmann**[74], * Wakendorf II 21.6.1888, + (unter der NS-Regierung ermordet) KZ Groß Rosen in Schlesien 9.10.1942, Kaufmann, 1908-1910 und 1914-1920 in Argentinien, seit 1927 Geschäftsführer der Spar- und Darlehnskasse zu Keitum; in Keitum erinnert an ihn seit 1972 der „Ludwig-Borstelmann-Wai“, S.v. Johannes **Adolf** B., Kaufmann zu Wakendorf II, u.d. Minna Marie **Magdalena Teegen**; vgl. o. S. 56; vgl. u. Anhang.

Söhne Borstelmann:

a. **Wilhelm** Jürgen, * Keitum 13.6.1927, Landwirt ebd., Kantor von St. Severin (1952-1992), Kirchenvorsteher, Träger der Schleswig-Holstein-Medaille (in Anerkennung seiner Verdienste um das Sylter Musikleben); Herausgeber dieser Schrift;
oo Keitum 14.10.1966 **Waltraut** Paula Liesbeth **Becker**, * Bremen 11.7.1929 (T.v. Gustav **Georg** B., * Laskowitz [Kreis Ohlau] in Schlesien 22.5.1901, + Hamburg 19.1.1987, Versicherungskaufmann ebd., Mitglied der Geschäftsleitung der Deutschen Angestellten Krankenkasse [DAK]; oo Bremen 5.3.1927 Anna **Behrens**, * Osterwieck am Harz [Kreis Halberstadt] 20.2.1903, + Hamburg 27.5.1987).
-3 Kinder-

b. **Hans** Schwenn, * Keitum 22.3.1934, Kirchenmusiker und Uhrmachermeister zu Westerland, Organist an St. Jürgen zu List seit 1984, vordem 1968-1984 Kantor und Organist zu Deezbüll bei Niebüll, 1958-1960 Studium an der Musikakademie zu Lübeck;
oo Westerland 23.6.1962 **Elsa** Luise **Hegwer**, * ebd. 23.8.1934 (T.v. Paul Otto **Kurt** H., * Liegnitz in Schlesien 28.3.1903,+ Westerland 25.9.1994, Bau- und Kunstschlosser, Elektromonteur ebd.; oo Keitum 22.8.1929 Frida **Siewertsen**[75], * Keitum 3.10.1902, + Westerland 18.4.1998).
-2 Kinder-

2) Boy Wögens, * Keitum 25.4.1865, +..., USA..., keine weiteren Nachrichten.

---

[72] Vgl. Fußnote 37.
[73] Vgl. Fußnote 38.
[74] Vgl. Fußnote 39.
[75] Vgl. Fußnote 41.

3) Meinert, * Keitum 26.6.1870, +..., USA..., keine weiteren Nachrichten[76].

4) Sara Marie, * Keitum 31.7.1871, + Schleswig 18.3.1926, Wäschereibesitzerin zu Westerland;
oo I. Keitum 28.4.1891 **Sönke** Thomsen **Matthesen**, * Dreisprung bei Rodenäs 20.5.1869, +..., Landwirt, S.v. Niels Peter M., Landwirt auf Dreisprung, u.d. Hanna Christine **Lund**; geschieden Kiel 19.7.1920;
oo II. Westerland 8.2.1922 **Peter** Adolf **Jensen**, * Rodenäs 23.12.1873, + Westerland 23.5.1959, S.v. Jens Jürgen J. u.d. Marie Friederike **Andresen**.

Kinder Matthesen:

(1) **Karoline** Janette, * Keitum 11.2.1891, + Morsum 7.10.1954;
oo Morsum 8.5.1914 **Georg** Cornelius **Cornelisen**, * ebd. 4.7.1893, + ebd. 16.10.1978, Landwirt ebd. (S.v. Gustav C., * Morsum 21.10.1845, + ebd. 26.12.1937, Landwirt ebd.; oo Morsum 24.11.1876 **Cornelia** Elisabeth **Matzen**, * ebd.17.4.1851, + ebd. 1.10.1926).

Kinder Cornelisen:

a. **Julius** Peter, * Morsum 16.7.1914, + (während einer Reise) auf der Insel Ceylon (Sri Lanka) 8.1.1972, Diplom-Ingenieur und Architekt zu Morsum, Gemeindevertreter;
oo Königsberg in Ostpreußen 8.2.1942 **Emmi** Auguste Dora **Fliege**, * ebd. 18.6.1921.
- 3 Kinder -

b. **Cornelia** Elisabeth, * Morsum 26.11.1917;
oo Morsum 10.12.1940 **Erwin** Emil **Decker**, * Lunden in Dithmarschen 14.5.1915, + Barnstorf (Kreis Diepholz) 24.9.1996, Berufssoldat a.D.
- 3 Kinder-

c. Sara Othea, * Morsum 10.2.1923;
oo Morsum 19.12.1942 Johannes (Hans) **Muß**, * Gelsenkirchen 28.2.1918, + ebd. 31.12.1980.
- 1 Tochter-

(2) ungetaufte Tochter, * + Keitum 28.1.1892.

(3) **Sönke** Thomsen, * Keitum 1.2.1893, + ebd. 7.2.1893.

(4) **Jürgen** Thomsen, * Keitum 3.2.1894, ausgewandert nach Brasilien, dort umgekommen, keine weiteren Nachrichten.

5) **Christine** Wilhelmine, * Keitum 18.4.1873, + ebd. 18.6.1945; unverehel.

3. Schwenn, * Keitum 19.9.1833, s. VII a.

4. Sara, * Keitum 19.9.1833 (Zwillingsschwester von 3), + ebd. 7.11.1847.

5. Peter, * Keitum 11.4.1837, s. VII b.

---

[76] Die Brüder Boy Wögens **Nielsen** und Meinert **Nielsen** wanderten gegen Ende des 19. Jahrhunderts in die USA aus. Der Kontakt zu diesen Familienmitgliedern ist mit dem Ausbruch des Zweiten Weltkriegs abgebrochen. Die letzte Nachricht stammt vom 15.12.1938 aus Mount Vernon, New York (USA) - ein Schreiben der 73 jährigen Dora **Nielsen** (* 7.12.1865), Ehefrau eines der Nielsen-Brüder, an Sophie Borstelmann, geb. Thomsen, Keitum.
Einer der Söhne der Nielsen-Brüder, Albert G. **Nielsen**, heiratete am 20.9.1913 in New York Helen **Burski**. Ein Hochzeitsbild befindet sich im Besitz des Herausgebers.

VII a Schwenn **Wögens**, * Keitum 19.9.1833, + Altona bei Hamburg 13.2.1920, Kapitän, Inspektor der Deutschen Dampfschiffs-Gesellschaft (Kosmos-Linie) zu Hamburg; Besuch der Volksschule zu Keitum, Unterricht beim Sylter Oberlehrer und Chronisten Christian Peter Hansen (1803-1879); 1847 erhielt er von Kapitän Uwe Bleicken (1818-1877)[77] das Angebot, mit der Flensburger Dreimastbark „Faedrenes Minde" als Kajütsjunge zu fahren und erlernte in den folgenden Jahren bis 1851 auf 5 Reisen auf der Westindien- und Südamerika-Route den Seefahrerberuf (zunächst Kajütsjunge und Jungmann [Decksjunge], schließlich Leichtmatrose), 1851 Rückkehr nach Sylt und Besuch der Navigationsschule zu Tinnum, 1852 Examen zu Flensburg, 1852-1854 Matrose, zunächst auf der Altonaer Brigg „Catharina" (Südamerikafahrten), sodann auf dem Hamburger Clipperbarkschiff „Cid" (Australien- und Südamerikafahrten), 1855 Zweiter Steuermann auf dem „Cid", sodann Besuch der Navigationsschule zu Hamburg, Examen ebd., darauf Erster Steuermann auf dem unter dänischer, dann russischer Flagge stehenden Fruchtjager Schoner „Phönix" und 1857-1861 auf den russischen Fregattschiffen „Kamschatka" und „Nicolay I.", 1861 Rückkehr nach Sylt, 1862 Kapitän und Hamburger Bürger, 1862-1866 Kapitän des Barkschiffes „Alert", dessen Bau bei der Hamburger Dreyer-Werft er beaufsichtigt hatte, Südamerika-, Asien- und Australienfahrten mit der „Alert", 1866 Kapitän des Barkschiffes „Guiding Star", dann des Barkschiffes (Schonerbark) „Coquette" (Südamerikafahrten), alle unter der Flagge der Reederei „H.H. Eggers"[78], 1872 Eintritt in die Deutsche Dampfschiffs-Gesellschaft Kosmos (Kosmos-Linie), Reisen für die Kosmos-Linie mit den Dampfern „Deuderak", „Karnak", „Ramses", „Theben" und „Menes", 1876-1903 Inspektor der Kosmos-Linie[79] [80];
oo Keitum 8.12.1865 Jenny Maria **Lornsen**[81], * Tinnum 27.2.1844, + Schleswig 30.6.1884, Nichte von Uwe Jens **Lornsen** (T.v. **Cornelius** Jürgen **Lorenzen**, * Keitum 6.8.1818, + Tönning 22.11.1865, Kapitän, 1864 Zollinspektor [Kreuzzoll- und Leuchtfeuerinspektor auf der Westküste Schleswig-Holsteins]; oo I. Keitum 4.11.1841 **Moiken** Boysen **Decker**, * Tinnum 28.6.1819,

---

[77] Vgl. „Bleicken" IX b DGB Band 186 (3. Schleswig-Holsteinischer) S. 27.
[78] Vgl. Fußnote 5; vgl. ferner Herbert Karting, Von Altona nach Übersee, Band II, Die Schiffe der Dreyer-Werft, Bremen 1999, S. 163, 171.
[79] Die biographischen Angaben konnten weitgehend einem Lebensbericht entnommen werden, den Kapitän Schwenn Wögens um 1910 für seine Kinder verfaßte.
[80] Vgl. Georg Quedens, Inseln der Seefahrer - Sylt, Föhr, Amrum und die Halligen, Hamburg 1982, S. 94 f.
[81] Geschwister von Jenny Maria **Lornsen** (1844-1884).

1. Jenny Maria, * Tinnum 2.8.1842, + ebd. 2.11.1842.
2. Jürgen Jens, * Tinnum 23.11.1845, +..., keine weiteren Nachrichten.
3. Emanuel Eduard, * Tinnum 9.7.1848, + ebd. 14.11.1848.
4. Maiken („Moi"), * Keitum 16.3.1852, + ebd. 21.3.1935;
   oo Keitum 12.2.1874 **Eduard** Schwen Jürgen **Teunis**, * Kiel 3.2.1841, + Keitum 30.1.1896, Kapitän (S.v. Hans T., * Westerland 8.9.1803, + ebd. 18.12.1879, Schiffer; oo...21.1.1837 Sophie Dorathea **Hildebrandt**, * Oldenburg in Ostholstein 3.3.1810, + Westerland 3.11.1863).
   Tochter Teunis:
   Sophie Dorothea Henriette, * Keitum 9.9.1874, + ebd. 27.2.1964;
   oo Keitum 28.7.1899 Hinrich **Groot**, * Keitum 7.7.1872, + ebd. 5.11.1936, Landwirt und Spediteur ebd. (S.v. **Jens** Petersen G., * Keitum 5.4.1841, + ebd. 9.6.1891, Kapitän ebd.; oo Keitum 14.6.1867 Mathilde **Lorenzen**, * Keitum 24.1.1844, + ebd. 1.9.1912); kinderlos; vgl. Fußnote 60, S. 53.
5. Dorothea Elisabeth, * Keitum 21.7.1853, +..., keine weiteren Nachrichten.
6. Uwe Jens, * Keitum 21.8.1855, + ...1940; unverehel.
7. Maria Friederike, * Keitum 31.10.1857, + ebd. 2.10.1860.
8. Matthias Otto, * Keitum 15.11.1859, + ebd. 27.9.1860.
9. Matthias Otto, * Keitum 17.4.1861, + ebd. 10.6.1861.
10. Friedrich Groot, * Keitum 19.1.1864, + ebd. 21.6.1879.
11. Cornelia Mathilde (posthuma), * Keitum 21.2.1866, +...1954; unverehel.

+ Keitum 27.7.1848 – Er oo II. Keitum 9.5.1851 Margarethe Mathilde **Claasen**, * Hamburg...1829, + Keitum 28.12.1909).

Töchter Wögens:

1. **Molly** Theodora, * auf der SS Coquette im Golf von Californien 16.1.1868, + Altona-Ottensen 16.7.1907[82];
oo Altona-Ottensen 20.2.1906 Albert **Nicolaus Lindemann**, * Blankenese bei Hamburg 5.5. 1855, + Altona 3.7.1921, Kaufmann ebd. (S.v. Hein L., * Blankenese 25.11.1815, + ebd. 29.7.1883; oo Blankenese 13.2.1846 Anna **Kröger**, * Blankenese 23.12.1823, + ebd. 16.8. 1917) – Er oo I. Caecilie Engeline Wilhelmine Mathilde **Stockfleth**, * Altona 5.2.1868, + Blankenese 2.8.1898.

Söhne Lindemann:

1) Schwenn, * Altona-Ottensen 16.7.1907, + Hamburg 27.7.1989, Kaufmann ebd.;
oo Altona-Blankenese 16.2.1935 Margot **Christiansen**, * Dockenhuden bei Hamburg 4.10.1912, T.v. **Hans** Christoph Wilhelm C., Kaufmann, u.d. **Mary** Hermine **Stehr**.

Kinder Lindemann:

(1) **Uwe** Swenn Nikolaus, * Altona-Blankenese 11.1.1936, Kaufmann in Bolivien;
oo Arequipa (Peru) 3.5.1963 Barbara (Bärbel) **Fiege**, * Berlin 27.2.1940.
- 2 Kinder -

(2) **Harm** Jens, * Hamburg-Blankenese 3.10.1940, Kaufmann in Chile;
oo Hamburg-Blankenese 7.12.1965 Elke **Tappert**, * Bad Kreuznach 28.9.1944.
- 5 Kinder -

(3) **Dierk** Ernst Georg, * Hamburg-Blankenese 16.10.1941, Dr. iur., Rechtsanwalt zu Hamburg;
oo Hamburg-Blankenese 31.1.1969 Gotlind **Müller-Parcham**, * Hammerstein in Vorpommern 21.2. 1943, + Hamburg 5.5.1996.
- 4 Kinder -

(4) Dörte, * Swinemünde, Insel Usedom, 19.4.1943;
oo Hamburg 6.7.1968 Willi **Klein**, * Dachau bei München 17.7.1940, Gastronom zu Lübeck.
- 2 Kinder -

(5) **Jens** Hans Karsten, * Korswandt, Insel Usedom, 10.8.1944, Zahntechniker zu Hamburg;
oo Hamburg 5.6.1970 Uta **Schröder-Vontin**, * Niendorf an der Ostsee 18.9.1943.
- 1 Tochter -

(6) Sönke, * Hamburg 13.3.1955, Kaufmann ebd.;
oo Hamburg 15.5.1987 Kirsten **Rothe**, * ebd. 12.10.1961.
- 2 Kinder -

2) Peter, * Altona-Ottensen 16.7.1907 (Zwillingsbruder von 1), + Hamburg 19.4.1952; unverehel.

2. Minna Carolina, * Keitum 13.4.1871, + ebd. 14.6.1876.

[82] Die Grabstätte der Familie Lindemann befindet sich noch heute auf dem Friedhof zu Hamburg-Nienstedten.

3. Bertha, * Keitum 8.9.1872, + Blankenese bei Hamburg 27.7.1913[83] [84]; oo Hamburg 5.12.1893 **Georg** Johannes **Behrmann**, * Blankenese 8.11.1861, + Hamburg-Blankenese 28.11.1939, Kapitän bei der Deutschen Dampfschiffs-Gesellschaft Kosmos (Kosmos-Linie), Sachverständiger für Schiffsschäden (Verein Hamburger Assecuradeure); 1877 erste Seereise, Besuch der Navigationsschule, Steuermannsexamen, 1881-1882 Marinedienst, 1882-1886 Steuermann, 1886 Kapitänsexamen, 1886 Eintritt als Dritter Offizier in die Deutsche Dampfschiffs-Gesellschaft Kosmos (Kosmos-Linie), in den folgenden Jahren Zweiter und Erster Offizier, 1892 Kapitän, 1910 Sachverständiger für Schiffsschäden, 1930 Ruhestand (S.v. Dittmer B.,* Blankenese 23.10.1827, + verschollen mit dem Schoner „Condor" nach Abgang von Haiti am 11.12.1864, Schiffer; oo Blankenese 23.7.1854 Catharina **Möller**, * ebd. 30.7.1833, + ebd. 13.2.1883) – Er oo II....1915 Ida Mary Rosette **von Appen**, * Klein Flottbek bei Hamburg 7.12.1872, + Altona-Blankenese 10.8.1934, T.v. Hinrich von A., Kapitän zu Klein Flottbek (Teufelsbrück), u.d. Rosette **Pieper.**

Kinder Behrmann:

1) **Georg** Dittmer, * Blankenese 23.4.1895, + auf See (an Bord des Tankschiffes „Polargas") 13.1.1965, Kapitän, Fregattenkapitän d. Res. a.D., Elb- und Seelotse, 1935-1964 Mitglied der Lotsenbrüderschaft Elbe, 1947-1956 Ältermann der Lotsenbrüderschaft Hamburg, Mitglied der Société des Capitaines Caphorniers; oo Schanghai (China) 3.5.1932 **Erna** Anna Ottilie Fanny Helene **Gräfin zu Rantzau**, * Pyrehne 12.7.1898, + Ratzeburg (Kreis Herzogtum Lauenburg) 6.1.1989 (T.v. **Ernst** Christian Detlev Graf zu R., * Ratzeburg 17.10.1857, + Döllens-Radung 30.1.1922, Kgl. preuß. Oberförster, vordem Herr auf Alt-Döberitz; oo Dieckow [Kreis Soldin] in der Neumark 21.11.1888 **Katharina** Ursula **v. Klitzing**,* ebd. 17.12.1869, + Uetersen [Kreis Pinneberg] in Holstein 23.1.1957; vgl. GHdA Band 38 Adel. Häuser A VII [1966] S. 271); vgl. GHdA Band 58 Gräfl. Häuser A VII (1973) S. 342.

Söhne Behrmann:

(1) **Uwe** Kurt Georg Ernst, * Schanghai 13.7.1933, Jurist zu Schiffdorf bei Bremerhaven; oo Hamburg-Blankenese 6.1.1967 **Sabine** Hildegard **Windrath**, * Königsberg in Ostpreußen 8.10.1938 (T.v. Hans-Werner W., * Duisburg 24.2.1907, + gefallen...8.4.1945, Kaufmann; oo Braunsberg in Ostpreußen 30.11.1935 Elfriede **Gauda**, * Klein Raedtkeim [Kreis Gerdauen] in Ostpreußen 23.8. 1907).
- 2 Kinder -

(2) **Jörn** Christian Detlev, * Berlinchen in der Neumark 3.7.1935, Wissenschaftlicher Dokumentator am Max-Planck-Institut zu München;
oo Frankfurt am Main 1.10.1968 Ulrike **Germer-von Zerboni di Sposetti**, * Las Palmas (Gran Canaria) 29.8.1940 (T.v. Wolf-Dietrich G., * Magdeburg 16.8.1911, + Berlin 29.3.1996, Dr. med., Professor, Internist, außerplanmäßiger Professor an der Freien Universität zu Berlin, Ärztlicher Direktor und Chefarzt der Inneren Abteilung des Wenckebach-Krankenhauses ebd., Träger des Großen Bundesverdienstkreuzes und des Ehrenzeichens des DRK, 1958-1978 Vertreter der Bundesregierung bei UNICEF; oo Las Palmas 5.10.1939 Ruth **v. Zerboni di Sposetti**[85], * Wilhelmsgrund bei Rawitsch, Provinz Posen, 9.4.1903, + München 23.10.1991; vgl. GHdA Band 12 Adel. Häuser B III [1956] S. 523).
- 2 Kinder -

---

[83] Patentochter ihrer Tante Caroline Boy Nielsen, geb. Wögens (1831-1904); vgl. S. 54.

[84] Die Grabstätte der Familie Behrmann befindet sich noch heute auf dem Friedhof zu Hamburg-Nienstedten.

[85] Die Familie v. Zerboni di Sposetti stammt aus Zelbio am Comer See. Die Stammreihe beginnt mit Paolo del fu Antonio Cerboni ebd., dessen Enkel Giuseppe Maria Manuetto Zerboni nach Deutschland auswanderte und im Jahre 1807 als Kaufmann zu Breslau verstarb. Nachdem sich seine Söhne bereits des Adelsprädikats bedienten, erhielt die Familie in Form der gnadenweisen Anerkennung am 3.4.1904 zu Messina bzw. am 15.2.1905 zu Berlin den preußischen Adelsstand.

(3) **Cai** Peter Georg, * Hamburg 18.4.1939, Kapitän zu Hamburg-Blankenese;
oo Hamburg-Blankenese 13.6.1969 **Ursula** (Uschi) Johanna Luise **Kriews**, * Wimmersbüll bei Süderlügum 3.1.1939 (T.v. **Erich** Paul Karl K., * Stralsund 21.2.1905, + Hamburg 28.1.1983, Zollinspektor, u.d. **Dorothea** Friederike Marie **Lübker**, * Eutin in Ostholstein 14.2.1909, + Wimmersbüll 2.2.1942).
- 3 Kinder -

2) Hans Heinrich, * Blankenese 28.5.1897, + ebd. 24.11.1897.

3) Schwenn (**Sven**) Oscar, * Blankenese 7.2.1901, + Ratzeburg 6.1.1996, Kapitän, Hafendirektor von Durban (Südafrika), Schiffahrtssachverständiger zu Hamburg;
oo Durban 8.6.(?) 1938 Elisabeth-Charlotte (**Liselotte**) **Lützow**, * Kiel 7.3.1911, + Hamburg 29.5.1988, T.v. Friedrich (Fritz) L., Vizeadmiral a.D., u.d. Hildegard **Kinzel**.

Töchter Behrmann:

(1) **Karen** Merry Joice (genannt Boyan), * Durban 30.3.1939;
oo...Oscar **Ascacibar**, *...; geschieden.
- 4 Kinder -

(2) Jutta Eileen **Adda** Berta, * Berlin 20.4.1940, führt wieder den Geburtsnamen, Kunstmalerin;
oo...Holger **Knabe**, *..., Dr. med., Facharzt für Frauenheilkunde und Geburtshilfe zu Hamburg; geschieden.
- 2 Töchter -

(3) **Jutta** Ragna Glennor, * Hamburg 5.8.1947, Pianistin;
oo Hamburg-Blankenese 24.8.1972 **Eggert** Fritz Heinrich **Dreesen**, * Kassel 7.9.1935, + Hamburg 2.5.1998, Ing. grad. (S.v. Friedrich [**Fritz**] Wilhelm Anton D., * Uebach [Kreis Geilenkirchen] 13.4.1901, + Hamburg 17.1.1969, Dr. iur.; oo Köln-Ehrenfeld 13.11.1934 Friederike Hedwig [**Heta**] **Uthoff**, * Dortmund 31.8.1901, + Ilten-Köthenwald bei Hannover 26.5.1970).
- 2 Söhne -

(4) ungetaufte Tochter, * + Hamburg 5.8.1947 (Zwillingsschwester von 3).

4) Hans Heinrich, * Blankenese 7.2.1901 (Zwillingsbruder von 3), + auf der Salzach bei Reichenhall in Oberbayern im Faltboot am 26.4.1924 ertrunken.

5) **Uwe** Jens, * Blankenese 25.1.1903, + Santiago de Chile im Juni 1965, Landwirt in Chile;
oo...Alice **Stolzenbach**, * Osorno (Chile) 19.9.1906, + Santiago de Chile 25.6.1996.

Kinder Behrmann:

(1) Ilse, * Valdivia (Chile) 12.11.1928;
oo...Robert **Wörner**, * Valdivia (Chile) 4.5.1920.
- 3 Söhne -

(2) Georg (Jorge), * Valdivia 16.5.1934;
oo...Patricia **Oettinger**, * Valparaiso (Chile) 24.11.1937.
- 3 Kinder -

(3) Alfred (Alfredo), * Osorno (Chile) 11.4.1936;
oo..., die Schwester seiner Schwägerin, Paulina **Oettinger**, * Valparaiso 28.4.1939.
- 3 Kinder -

6) **Inge** Jenny Katharina, * Blankenese 14.5.1904, + Santiago de Chile 16.3.1995;
oo Blankenese 9.7.1927 **Albert** Julius **von Appen**[86], * Blankenese 19.4.1901, + Hamburg-Blankenese 26.9.1971, Kapitän, 1937-1945 Generalinspektor der Hamburg-Amerika-Linie (HAPAG) für die Westküste Südamerikas zu Valparaiso (Chile), Generaldirektor der Firma „Ultramar Agencia Maritima Ltda." zu Santiago de Chile, Generalvertreter der Hapag Lloyd AG und der Deutschen Lufthansa AG in Chile, Vorstandsmitglied der Deutsch-chilenischen Industrie- und Handelskammer (S.v. Carl Nicolaus von A., * Blankenese 20.5.1868, + Altona-Blankenese 3.4.1932, Kapitän bei der Deutschen Dampfschiffs-Gesellschaft Kosmos [Kosmos-Linie]; oo Blankenese 13.8. 1897 Catharine Nicoline **Oestmann**, * ebd. 31.12. 1870, + ebd. 15.11.1952).

Söhne von Appen:

(1) Sven, * Altona-Blankenese 20.9.1935, Kaufmann in Firma „Ultramar Agencia Maritima Ltda." zu Santiago de Chile;
oo Hamburg-Nienstedten 16.3.1962 Griseldis **Burose**, * Hamburg 12.10.1937.

(2) Wolf, * Hamburg 5.7.1937, Kaufmann in Firma „Ultramar Agencia Maritima Ltda." zu Santiago de Chile;
oo...Wilma **Lares**, * Viernheim 24.4.1938.
- 3 Kinder -

7) **Boy** Kurt, * Blankenese 20.11.1905, + (Flugzeugunglück) Nairobi (Kenia) 20.11.1974, Kaufmann zu Hamburg, Inhaber der Firmen „Boy Behrmann" und „Max Kroymann" (Kaffeehandel) ebd.;
oo Hamburg 21.10.1940 **Charlotte** Erna **Bühring**, * ebd. 10.10.1919, + ebd. 13.8.1993 (T.v. Edwin B., Kaufmann zu Hamburg, u.d. Erna **Burmeister**); geschieden; - Sie oo II. **Franz** Heinrich **Witt**, * Lübeck 27.9.1906, + Hamburg 30.8.1986, Dr. rer. pol., Bankkaufmann ebd., Vorstandsmitglied der Dresdner Bank AG, 1958-1975 Aufsichtsratsmitglied und 1971-1975 Aufsichtsratsvorsitzender der Hypothekenbank in Hamburg, 1968-1975 Aufsichtsratsmitglied der Maizena Gesellschaft mbH., Mitglied des Kuratoriums des Übersee-Clubs Hamburg.

Kinder Behrmann:

(1) Thomas, * Hamburg 12.7.1941, Kaufmann zu Kapstadt (Südafrika);
oo I...Wiebke **Jürgens**, *...7.8.1941; geschieden;
oo II. Kapstadt 24.1.1992 Ingeborg **von Krause**, * Schroda im Warthegau 27.6.1943.
- 1 Sohn erster Ehe -

(2) Sabine, * Hamburg 27.11.1943;
oo Hamburg 3.9.1971 Curt **Wilhelm** Victor Hubertus **Schönherr**, * Chemnitz in Sachsen 25.5. 1937, + St. Croix (Virgin Islands) 22.2.2000, Kaufmann zu Hamburg; kinderlos.

4. Mathilde Sarita, * Keitum 14.8.1875, + Probsteierhagen bei Kiel 21.5.1960[87];
oo Altona-Ottensen 7.12.1909 **Hans** Wilhelm Heinrich **Bensien**, *...1879, + Probsteierhagen 12.1.1957, Postamtmann a.D.; kinderlos.

5. Minna Cornelia, * Keitum 23.6.1877, + Glückstadt an der Elbe 20.5.1947; unverehel.

6. Cornelia Friederike, * Keitum 9.8.1879, + Altona 15.3.1936; unverehel.

---

86 Vgl. Albert von Appen, Eine Familienchronik, herausgegeben von Sven und Wolf von Appen, Santiago de Chile 1994.

87 Patentochter ihres Onkel Jürgen Jens Nielsen (1830-1908) und ihrer Tante Caroline Wögens, geb. Bleicken (1837-1876).

VII b Peter **Wögens**, * Keitum 11.4.1837, + Kampen 15.9.1877, Schullehrer in den Sylter Norddörfern seit 1861[88];
oo Keitum 17.12.1862 **Caroline** Meinert **Bleicken**, * Kampen 4.12.1837, + ebd. 1.11.1876 (T.v. Manne Ebe B., * Kampen 21.2.1798, + ebd. im Mai 1886, Landwirt, Bauernvogt und Gemeindevorsteher in den Norddörfern; oo Keitum 30.12.1830 **Dürken** Claas **Boysen**, * Kampen 30.1. 1800, + ebd. 2.6.1854).

Söhne Wögens:

1. Boy, * Kampen 8.1.1865, +...[89], keine weiteren Nachrichten.

2. Manne Theodor, * Kampen 15.5.1869, +..., keine weiteren Nachrichten.

****

[88] Vgl. Bericht von M.H. Jensen, in: Spreckelsen, Chronik der Norddörfer auf Sylt, Band 3, Braderup, S. 361;
[89] Boy Wögens, Hamburg, war 1903 Taufpate von Uwe Jens Behrmann (1903-1965), dem Sohn seiner Cousine Bertha Behrmann, geb. Wögens (1872-1913).

ANHANG

Reise-Beschreibung
von
Ludwig Borstelmann
aus Wakendorf Bez. Kiel

1908

Der Jüngling u. der Greis siehe Seite 62 — 7.

Unter vielen Beschwerden ist endlich mein Wunsch, „die Welt kennen zu lernen" in Erfüllung gegangen. Also mir steht die Welt jetzt offen, jedoch wohin zuerst? — Nach Südamerika, Argentinien, das fruchtbare Land! soll werden zuerst mir bekannt, fern, fern liegt's im Süden dort, fern vom teuren Vaterland. —

Ludwig Johann Joachim **Borstelmann**, * Wakendorf II (Kreis Segeberg) in Holstein 21.6.1888, + (unter der NS-Regierung ermordet) KZ Groß Rosen in Schlesien 9.10.1942, Kaufmann; Kaufmannslehre, 1908-1910 in Argentinien, 1910 Rückkehr nach Deutschland und bis 1914 Kaufmann in Firma „Gebrüder Borstelmann" zu Hennstedt (Kreis Steinburg) in Holstein (zusammen mit seinem älteren Bruder Hugo Borstelmann), 1914-1920 erneut in Argentinien, 1920 Rückkehr nach Deutschland, seit 1927 Geschäftsführer der Spar- und Darlehnskasse zu Keitum/Sylt; in Keitum erinnert an ihn seit 1972 der „Ludwig-Borstelmann-Wai".

Vgl. Sönnich Volquardsen, Lebensspuren eines „Schutzhäftlings", Das Schicksal Ludwig Borstelmanns, in: Nordfriesisches Jahrbuch, Band 34, 1998, S. 9ff. und Paul-Heinz Pauseback, Übersee-Auswanderer aus Schleswig-Holstein, Bredstedt 2000, S. 126f.;

oo Keitum 25.3.1926 **Sophie** Severine **Thomsen**, * ebd. 21.3.1893, + ebd. 30.11.1986, T.v. Hans Christian T., Landwirt und Schiffszimmermann ebd., Besitzer einer Werft zu Munkmarsch/Sylt, u.d. **Sophie** Severine **Nielsen**; vgl. o. Thomsen-Genealogie VI 7, S. 29.

Unter vielen Beschwerden ist endlich mein Wunsch „die Welt kennen zu lernen" in Erfüllung gegangen. Also mir steht die Welt jetzt offen, jedoch wohin zuerst? – Nach Südamerika, Argentinien, das fruchtbare Land! soll werden zuerst mir bekannt, fern, fern liegt´s im Süden dort, fern vom teuren Vaterland.

Nun, es ist beschlossen! Am 10. Juni fährt der Dampfer „Cap Arcona" von Hamburg ab, und ich werde mit diesem die Reise antreten. Es sind bis dahin noch 8 Tage. In dieser Zeit werde ich noch sämtliche Verwandte besuchen und geht die Reise gleich am Mittwoch nach Pfingsten los.

Das Pfingstfest ist bereits vorüber und war dies gleichzeitig mein Abschiedsfest.

Der 10. Juni ist gekommen und findet um 3 Uhr Nachmittags die Einschiffung statt. Das Billet ist bereits am Tage zuvor gelöst. – Frischen, frohen Muts fuhr ich nach den Passagierhallen, um die lange Fahrt „übern großen Teich" anzutreten. Viele Auswanderer hatten sich schon an Ort und Stelle eingefunden. Zuerst wurden die Nordamerikaner per Dampfer „Deutschland" eingeschifft, und hatten wir noch lange Zeit, dieses und jenes zu betrachten. Inzwischen war auch ein Schiff mit Russen und einigen Spaniern von Nordamerika eingetroffen, welche nach Südamerika weiterfahren wollten. Endlich fand denn die Einschiffung statt. Mit der Fahrkarte in der Hand ging es, an einer Reihe von Polizisten vorbei, bis zum Arzt. Von diesem wurden wir – in die Augen geschaut – und konnten jetzt ungehindert den Überfahrtsdampfer besteigen. Alle waren frohen Sinnes. Nur einige russische Mütter und einige zurückgebliebene Angehörige von Auswanderern vergossen bittere Tränen des Abschiedes. Also ging der Überfahrtsdampfer ab, und von dem Auswanderer „Cap Arcona" ertönte schon die Musik zum Empfange. Der Dampfer fuhr dicht an den Auswanderer heran und bestiegen wir (auch hier die Fahrkarte in der Hand haltend zur Kontrolle) denselben. Es war anfangs ein Gewimmel auf dem Schiff. Überall lagen Koffer, Kisten, Reisetaschen etc. durcheinander. Wohl ein paar Stunden vergingen, bis ein jeder seinen Platz gefunden hatte. Ich suchte mir ein oberes Bett dicht am Fenster, um hier, (wie ich schon vermutete, daß in einem Raum mit so vielen Menschen eine nicht angenehme Luft sein würde), frische Luft

schnappen zu können. Zwei Bayern, mit welchen ich Bekanntschaft gemacht hatte, fanden ihren Platz neben mir. – Noch lange lagen wir im Hamburger Hafen. Erst zwischen 8 und 9 Uhr fand die Einschiffung der Auswanderer I. Klasse statt. Endlich um 12 Uhr, mit Eintritt der Flut, setzte sich der Dampfer unter dreimaligem dumpfdrönenden Tuten (der Abschiedsgruß) in Bewegung. Die letzten Schläge von Hamburgs Türmen verhallten, wie wir den Hafen verließen. – Wir Deutschen blieben bis zur Abfahrt auf dem Deck. Die Russen lagen schon längs auf ihren Strohsäcken in der Kajüte. Bald nach der Abfahrt gingen auch wir hinab, und als wir am anderen Morgen erwachten, schwammen wir auf hoher See. – Nichts als Wasser ringsumher! Hinter uns ließ der Dampfer, so weit das Auge reichte, eine breite, schaumig weiße Wasserstraße in den grünen Fluten der Nordsee zurück.
Hier und da fuhr uns ein Dampfer vorbei. Fern am Horizont tauchten Segelschiffe auf. Hinter uns her flog kreischend eine Schar Seemöven. – Immer weniger wurden die Schiffe und auch die Möven gaben bald ihre Verfolgung auf. Am 12. Juni Morgens 6 Uhr sahen wir zuerst wieder Land. Wir hielten vor Boulogne. Die Küste Frankreichs, im frühen Morgensonnenschein, gewährte einen herrlichen Anblick. – Der Aufenthalt dauerte 6 Stunden. Um 12 Uhr Mittags, als die Auswanderer Frankreichs eingeschifft waren, ging die Fahrt weiter, den Kanal durchquerend, nach England zu. Schon um 10 Uhr Abends hielten wir vor der Hafenstadt Southampton, deren Lichterschein weithin über den Hafen erglänzte. Auf dieser Strecke fuhren wir an vielen Schiffen, Leuchttürmen und zwei runden, mitten im Meer aufgebauten, starkbesetzten Festungen vorbei. Vor diesen Festungen wurde durch helles bengalisches Feuer (als Zeichen des Friedens) gegrüßt. Unser Gruß wurde von den Engländern mit rotem bengalischen Feuer erwidert, und durften wir jetzt den Hafen unangefochten passieren. – Auch in Southampton wurden einige Passagiere aufgenommen und wir fuhren nach kurzem Aufenthalt weiter. Die Nacht sowie auch den folgenden Tag (13. Juni) fuhren wir durch. Immer Wasser, nichts als Wasser. Endlich am Sonntagmorgen sahen wir von Ferne die felsige Küste Spaniens und hielten um 3 Uhr Nachmittags in der Meeresenge vor Coruna. – Zu beiden Seiten liegen die schönen Felsenküsten, an welchen sich ringsherum die Stadt Coruna erstreckt. Rechts von uns steht auf einem hohen Felsen ein Leuchtturm. Vor demselben ragt eine Felseninsel mit einem festungsähnlichen Bauwerk aus dem Wasser. In einer kleinen Entfernung von der Insel sieht man die Mastbäume eines französischen Dampfers, welcher vor ca. einem Monat strandete, aus dem Wasser ragen. – Kaum hielten wir, da war unser Schiff mit zahlreichen kleinen Böten der Spanier umgeben, beladen mit sämtlichen Südfrüchten und Weinen. Alles kaufte von diesen Böten. – Es wurden hier ca. 500 Spanier, unter strenger Aufsicht der spanischen Polizei, eingeschifft. Über die Unreinlichkeit der russischen Reisegefährten waren wir gerade genügend erbost, jedoch sollten wir erst die Spanier kennenlernen. – Gleich nach der Verladung ging die Fahrt weiter, an der felsigen Küste Spaniens entlang, auf

Lissabon zu. Bald ist wieder das Land unserem Gesichtskreis entschwunden und fahren wir wieder auf hoher See. – Erst am 15. Juni, Morgens 9 Uhr, sehen wir von Ferne einige Felseninseln Portugals hoch aus dem Wasser hervorragen. Auf einem ziemlich hohen Felsen steht ein Leuchtturm. – Links von uns liegt das hügelige Portugal. Immer näher kommen wir Lissabon. Wir fahren direkt in den Hafen hinein; und sehen wir zu beiden Seiten die felsige Küste. – Jetzt liegen wir vor Anker in dem Hafen von Lissabon. Ein strenges Gewitter mit strömendem Regen verdeckt uns anfangs die schöne Aussicht. – Bald aber sind die Gewitterwolken verzogen und die klare Luft eröffnet unseren Augen einen herrlichen Anblick auf die stufenförmig vom Meere an den Bergen hinauf gelegene Stadt Lissabon, von welcher der Portugiese mit Recht sagt: „Wer Lissabon nicht gesehen, der hat nichts gesehen". – Hier wurden auch einige Passagiere aufgenommen und versah sich der Dampfer noch reichlich mit Kohlen für die lange Fahrt. Nach Verladung der Kohlen und allerhand Lebensmitteln, welches ca. 11 Stunden in Anspruch nahm, verließen wir um 10 Uhr Abends, unter dem üblichen Gruß, Lissabon, die letzte europäische Stadt. Lissabon war bereits von der Nacht umhüllt. Aus den Häusern und von den Straßen her leuchteten die hellblendenden elektrischen Lichter weit über den Hafen hinaus, und gewährte die terrassenförmige Lage der Stadt unseren Augen ein herrliches Panorama. Noch lange sahen wir den Lichterschein von Lissabon. Endlich entschwand dieser unseren Augen und schon schwammen wir auf hoher See des Atlantischen Ozeans. – Eine immerwährend unübersehbare Wasserfläche durchschneidet der Dampfer. Nur Wasser und wieder Wasser! 8 Tage fahren wir schon, ohne daß unsere Augen Land erblickten, mit Ausnahme der Kanarischen Inseln, deren Felsenspitzen fern am Horizont schimmerten. – Am Montag, den 22. Juni, fahren wir ganz dicht an der kleinen zerrissenen Felseninsel St. Paulsrock vorbei, welche unter dem 4° nördlicher Breite liegt. Alle freuen sich, einmal wieder Land zu sehen. Die Insel ist kahl und öde und nur von einer Schar Seevögel bewohnt. Haushoch peitschen die Wellen an den Felsen hinauf. – Bald ist auch diese Abwechselung unserem Gesichtskreis wieder entschwunden und wir fahren, ungeduldig das Ziel erwartend, weiter in das unendliche Weltmeer. – Hier und da, etwas häufiger als in den verflossenen 8 Tagen, tauchen fern am Horizont Schiffe auf.

Ein Abend unter dem Äquator

Wie ist der Abend still und feierlich,
warme Lüfte wehen von Norden;
die Sonne senket dem Westen sich,
zerklüftet schweben die Wolken.
Nichts als Wasser ringsumher,
leise wogt das prächtig blaue Meer;

kein Schiff taucht vor unseren Augen auf,
„Cap Arcona“ allein durchschneidet des Wassers Blau.
Das Abendessen ist genommen!
Vergnügt ist´s auf dem Deck.
Unbeschreiblich lustig sind die Spaniolen,
sie singen, tanzen und jolen
immer nach derselben Melodei.
Die Russen, ganz verdutzt,
umringen den spielenden Kreis.
Die Deutschen, des ewigen Jolens satt,
reservieren auf dem Backbord für sich ihren Platz.
Sie erzählen und schwatzen allerlei,
und lassen auch ein Lied erschallen,
nach deutscher Melodei.

Endlich, am 27. Juni Morgens 4 Uhr, sehen wir das Licht des auf einem Felsen gebauten, vor dem Eingang zum Hafen von Rio de Janeiro gelegenen Leuchtturms. – Die Nacht klärt sich auf und schon sehen wir die steile zerklüftete Felsenküste Brasiliens mit den vorgelagerten hohen Felseninseln.
– Ganz eng führt die Wasserstraße in den Hafen hinein. Rechts und links an der Einfahrt sind Festungen erbaut. Links macht sich ein spitzer Berg, der Zuckerhut, bemerkbar. Gleich nach dem Zuckerhut erweitert sich das Wasser wieder und schon sind wir im Hafen von Rio de Janeiro, dem schönsten und am geschütztesten gelegenen Hafen der Welt. Links von uns, am Hafen lang gestreckt, bis hoch in die Berge hinauf, liegt die wunderschöne Stadt Rio de Janeiro; eine Lage, wie sie wohl keine andere Stadt aufzuweisen hat. – Der Hafen ist ringsherum von Gebirgen eingeschlossen und hat eine so geschützte Lage, daß wir hier jetzt im Winter eine solche Hitze empfinden, als daheim im Hochsommer. – Dicht am Hafen liegt auf einem Felsen ein schönes Schloß. Davor, auf einer floßartigen Felseninsel, steht ein kirchenähnliches Bauwerk. Die Häuser liegen stufenförmig übereinander und gewähren einen schönen Anblick. Im Hafen herrscht ein reger Verkehr. – Nachdem unser Dampfer hier ein Teil der Russen und Spanier abgeliefert und einige Brasilianer wieder aufgenommen hatte, verließ er, unter dem üblichen Gruß um 4 Uhr Nachmittags, den Hafen. – Noch ca. 2 Stunden sahen wir die schöne, hohe, wildzerrissene Felsenküste. Es herrschte hier eine so starke Brandung, daß unser Schiff hin und her schwankte und wir uns auf demselben festhalten mußten. Bald aber schwammen wir wieder auf hoher, ruhiger See. – Nach 2 Tagen, am 30. Juni früh um 5 Uhr, fahren wir in den Hafen von Montevideo ein. Sehr flach ist das Bett und schleift der Dampfer, ganz auf der Seite liegend, am Meeresboden längs und wühlt dicken Schlamm auf. – Der Hafen ist eine Meeresbucht, welche man jetzt künstlich vor den tobenden Wellen zu schützen sucht, indem man von einer Küste

zur anderen eine Felsenmauer mit Einfahrtstoren im Wasser erbaut. Im Hafen herrscht ein reger Verkehr, an die zehn große „Auswanderer" liegen hier vor Anker. – Viele Reisegefährten verabschieden sich hier. Viele Kisten und Ballen mit Waren von Hamburger Exporthäusern wurden hier ausgeladen. Die Entladung, welche vermittels der Hebevorrichtungen am Mastbaume bewirkt wurde, dauerte ca. 10 Stunden. – Montevideo ist, vom Hafen gesehen, eine sehr schöne Stadt, auf dem flachen Lande gelegen. – Um 5 Uhr Nachmittags setzte sich der Dampfer unter schwerem Arbeiten der Schrauben, denn der Dampfer hatte sich im Schlamm ganz festgesaugt, in Bewegung und alle freuen sich, daß das Ziel „Buenos Aires" bald erreicht ist. Jedoch liegt auf vielen Gesichtern wiederum ein tiefer Ernst. „Wohin werde ich zuerst gehen, was werde ich zuerst anfangen?" fragen sich wohl viele. Einige, die auf der ganzen Reise vergnügt und lustig waren, werden ernster dreinschauen. Jetzt kehren die Gedanken nach der Heimat zurück. Jetzt lassen sie noch schnell einmal ihr vergangenes Leben in Gedanken vorübergleiten. Wie schön war es in der Heimat! – Wie wird's in der neuen Welt sein? – Es ist wirklich nicht leicht für einen Familienvater, der in Rußland einen guten Erwerb hatte, Haus und Hof besaß, diese wegen der unerträglichen Regierung, der Revolution, überhaupt wegen der ganzen Folgen des Russisch-Japanischen Krieges, im Stich lassen mußte und nun in der neuen Welt eine neue Heimat zu gründen. Jedoch hofft er, den Rest seines Lebens in der neuen Welt in Ruhe zu verbringen und seine Familie besser ernähren zu können und für die Familie ein neues, friedliches Heim zu gründen.
Schon in 5 Stunden wäre Buenos Aires erreicht, jedoch wegen der Untiefe des Rio de la Plata blieben wir in der Nacht an der Mündung des Flusses liegen. – Um 2 Uhr Nachts wurden wir vom besten Schlafe gestört, denn die Strohsäcke, worauf wir lagen, sollten über Bord geworfen werden, bevor wir den Hafen erreichten.

Die Hauptstadt Südamerikas

Fern im Süden ergießt sich der aus vielen Quellflüssen entstehende „Rio de la Plata" in den Atlantischen Ozean. Eine unübersehbare Ausdehnung hat der Fluß, und demzufolge nur ein flaches Bett. Nur eine schmale Straße, von Fahrzeichen begrenzt, ist für die großen Auswandererschiffe befahrbar, welche jedoch bei niederem Wasserstand auch hier schweres Fahren haben. – Ziemlich den Flusse hinauf, unterhalb der Mündung verschiedener Quellflüsse, gelangt man in den großen, schönen, künstlich hergestellten Hafen von Buenos Aires. Der Hafen besteht aus 5 Abteilungen (Docks), welche durch Drehbrücken miteinander verbunden sind. Man landet in dem nördlichen Dock und geht direkt vom Schiffe aus durch die große Passagierhalle in die Stadt. – Zuerst gelangt man in die tiefer, mit dem Hafen gleichgelegene Vorstadt (das Land, welches man dem Flusse abgewonnen hat), welche zum Teil bebaut, zum größten Teil aber zu schönen

Anlagen gemacht ist. Ist dieser ziemlich breite Stadtteil durchquert, so kommt man in die plötzlich, ca. 7 m hochsteigende Stadt, um welche in einem kleinen Bogen die Straße „Passeo de Julio“ herumführt. Die Straßen sind alle gerade, aber schmal und haben eine Länge bis zu 10 km. Bei je 100 Nr. geht eine Querstraße und ist die Stadt so in lauter sogenannte Quader eingeteilt. Hier und da gibt es große freie Plätze, welche mit schönen Palmen bepflanzt und zu schönen Anlagen gelegt sind. In der Mitte eines jeden Platzes steht ein schönes Denkmal eines großen Mannes der Republik oder eines wichtigen Tages der Befreiung. Einer dieser schönen Plätze ist der „Plaza Mayo“, nicht weit vom Hafen gelegen. Andere Plätze sind: „Plaza Viktoria“, „Plaza San Martin“, „Plaza Lorea“, „Plaza Libertad“, „Plaza G. Lavalle“, „Plaza Constitucion“, „Plaza 9 de Julio“. Nach diesen Plätzen sind auch viele Straßen benannt.

Im allgemeinen macht die Stadt, welche mit elektrischen Bahnen wie ein Netz überspannt ist, denselben Eindruck wie Hamburg. Ja, der Verkehr ist in den engen Straßen so groß, daß man zuweilen nicht vorwärts zu kommen vermag.

– Die Häuser jedoch sind durchweg flach und einwohnig. Sie gleichen mit den vergitterten Fenstern den wahren Gefängnissen. Nur vereinzelt findet man mehrstöckige Häuser. Die Neubauten werden jedoch nach europäischem Stil ausgeführt. Auch gibt es einige Straßen, welche zum Teil Häuser nach europäischer Art aufzuweisen haben. So z.B. ist die „Calle Mayo“ eine ganz neu angelegte, sehr breite Straße, die schönste der Stadt und der Berliner Straße „Unter den Linden“ fast gleich. Geschäfte (Verkaufsläden) gibt es hier unglaublich viele, und zwar bis zu den feinsten, wie sie selbst Hamburg nicht aufzuweisen hat. Auch gibt es hier Engros- und große Exportgeschäfte, doch steht in diesen Hamburg einzig da. Es gibt hier Geschäfte aller Branchen und vor allen Dingen zahlreiche kleine Bankgeschäfte, Schmuck- und Luxuswarengeschäfte und viele Waffenhandlungen.

Sehr sehenswürdig sind noch die großen Bankgebäude. Auch hat Buenos Aires, wie die deutschen Städte, schöne Ausflugsorte aufzuweisen. So z.B. sind die Vororte „Palermo“ und „Belgrano“ mit dem Zoologischen und Botanischen Garten sowie Rennplatz etc. wunderschöne Lustorte.

In der Hauptstadt Südamerikas

Da steh´ ich nun in der weiten Welt!
Alles fremd um mich her!
Und doch scheint es mir, als hätt´ ich geseh´n
Sie, schon mehr und mehr.
Die Erde ist auch hier bedeckt von demselben Himmelszelt,
Wie dort das heimatliche Revier.

Überfüllt sind, wie auf Erden rund,
Auch in Argentinien die Städte bunt.
Nach Arbeit laufen hier gar bald noch mehr,
Als im deutschen Städteverkehr.
Für einen Kaufmann sieht´s hier am
Schlimmsten aus,
Der nicht die Sprache beherrscht, des
Landes Brauch.
Darum bin ich auch schon 14 Tage hier
Und bietet sich keine Arbeit mir.
Nicht mal als Lehrer auf dem Land,
Was man hier den schlechten Erwerb hat genannt,
Kann man sich einige Nationale verdienen,
Wobei man könnte die Sprache des Landes gewinnen.
Die Erde ist sich überall gleich,
Sie bildet sozusagen eine große Stadt.
Sie ist nicht des Menschen Ziel.
Wer hinaus geht und will sie erspäh´n,
Der wird bald ein größeres Ziel erseh´n,
Wonach der Mensch hat zu streben.
Die Arbeit mit Gesundheit beglückt,
sind hier der größte Schatz,
Dies lernt man kennen,
Wenn man keine hat.

Die Reise nach Carhué,
Carhué, die Funda Alemana

Bereits 15 Tage verweile ich in Buenos Aires, ohne eine Stelle irgendwelcher Art zu finden. Mein Freund, welchen ich auf der Reise kennen lernte, hatte schon nach 6 Tagen das Glück, eine Stelle als Hauslehrer zu erhalten. Nun schrieb er an mich, daß er mehrere Lehrerstellen wüßte und ich sofort kommen könnte. Ich gehe sofort nach der „Immigracion" (denn einjeder Einwanderer wird insofern vom Staate bevorzugt, daß er die erste Reise, mag es sein wohin, in Argentinien frei hat) und lasse mir ein Billet nach Carhué (das ist nämlich der Ort, wohin auch mein Reisegefährte fuhr), ausstellen. Gleich am Abend, 8 Uhr 20 Minuten, trete ich die Fahrt, welche gut 12 Stunden dauert, an. – Sehr kalt ist die Nacht. Allerdings nicht so wie daheim im strengen Winter und doch empfindet man die Kälte hier viel mehr. – Die Nacht verhüllt meinen Augen die naturelle Schönheit der Gegend, jedoch läßt das Sternenlicht und der Halbmondschein mich erkennen, daß ich eine baumlose Ebene, – grüne Felder und graue, unübersehbare Steppen, mit dunklen,

sich bewegenden Punkten – (anscheinend wilde Rinder und Pferde) – durchfahre. Unter Zähneklappern und Zittern am ganzen Körper, vor Kälte, komme ich um 9 Uhr Morgens des 17. Juli in dem kleinen Örtchen Carhué (ca. 4000 Einwohner) an. Die breiten, geraden, nicht gepflasterten Straßen und die niedrigen, flachen Häuser fielen mir zuerst auf. Auch Carhué ist, wie Buenos Aires, in lauter „Quader“ eingeteilt. In der Mitte ist ein freier Platz mit schönen Anlagen. Nicht weit von diesem wird eine Kirche erbaut.
Ich ließ mich per Wagen nach der „Funda Alemana“ (Deutsches Gasthaus) fahren, um hier einige Tage zu wohnen. Die „Funda Alemana“ liegt ungefähr mitten im Orte, an einem Kreuzwege. Das Gebäude, welches nur eine Höhe von ca. 3 ½ m hat, ist nach dem Hofe zu schmal. Es hat an der einen Straße ca. 25 m und an der anderen 40 m Ausdehnung. Der Eingang ist an der Straßenecke, durch welchen (eine Doppelflügeltür) man direkt in die Schenke, ein großer, durchfahrtähnlicher Raum, gelangt. An diesem Raum befindet sich die Schlafstube, (verbunden durch eine Tür oberhalb der Schenke) und die Küche. Die Küche steht nur durch eine Schiebevorrichtung mit der Gaststube in Verbindung. An der Schlafstube und Küche sind, nach der Straße zu, zwei durch Bretter getrennte Fremdenzimmer (Räume). Durch eine Seitentür gelangt man von dem Gastzimmer in den Hof. Der Hof bildet mit dem Hause zusammen ein großes Quadrat und ist, wo nicht das Haus denselben begrenzt, von einer hohen Mauer umgeben, durch welche von der Ostseite ein Einfahrtstor geht. In der Hausecke vor der Küche ist ein Brunnen mit Pumpe und Pferdetränke.
Zwei Tage noch verweilte ich hier, bis ich endlich eine Lehrerstelle erhielt. – Es war am Sonntag, den 19. Juli, als ich mit einem Deutschen, von Magdeburg stammend („Deutsch Karl“ genannt), über die baumlose Ebene, bald Grassteppen mit wilden Pferden und Rindern, bald keimende Weizenfelder, weit dahin fuhr. Von diesem Deutschen erfuhr ich, daß ein Bekannter von ihm, auf demselben Wege wohnend, einen Lehrer suchte und so fuhr ich denn mit ihm hinaus.

Der Kamp

Kein Baum, kein Strauch!
nur graue Steppen und grüne Weizenfelder bedecken die fruchtbare Oberfläche;
in geringer Tiefe, nur Salz und Kreide,
können keine Bäume Wurzel treiben.
Wilde Pferde, Rinder und Schafe
nagen an dem dürren Grase.
Ungehindert fallen die Sonnenstrahlen
auf die grüne Saat, auf des Menschen bestaubte Haut,
unterbrochen von der kalten Winde Braus,
tun sie nicht viel wärmen,

sondern den Boden an Wasser ärmen.
Vereinzelt steht hier ein Haus,
auf Hügel oder im Tal,
welches ist aus Lehm gebaut,
die Bewohner sind arme Leut´.
Dort ist ein großer See,
drin kein Fischlein lebt.
Von weitem blinkt im Sonnenlicht,
schon der Küste Salzgesicht.

Die Bewohner dieser Gegend (im südlichen Teil der Provinz Buenos Aires) sind zum größten Teil Deutsch-Russen und gehören durchweg zur katholischen Kirche. Sie sind also deutsche Brüder, deren Vorfahren vor ca. 200 Jahren, aufgrund des Aufrufs der Kaiserin Katharina v. Rußland an deutsche Kolonisten, nach Rußland auswanderten. Da nun aber Rußland seinen Versprechungen nicht nachkam und die Deutschen zu Russen machen wollte, sind sie nachher ausgewandert. Die erste Übersiedelung der Deutsch-Russen nach hier geschah vor ca. 30 Jahren.
Die Deutsch-Russen sind alle Landsleute, welche wenig oder zum größten Teil gar keine Schulbildung haben. Sie leben, wenn nicht in Kolonien, zerstreut auf ihrem großen Pachtlande in Lehmhütten. Sie pflügen im Winter (Mai, Juni, Juli) ihren großen Acker und streuen in den nichtgedüngten Boden Weizen und Mais. Die Saat der Fruchtbarkeit des Bodens und der günstigen Witterung überlassend, warten sie geduldig bis zum Dezember auf die Ernte, die ihnen in guten Jahren eine schöne Tasche Geld oder gar Reichtum bringt. – Während dieser Zwischenzeit sitzen die Leute nun in ihren Hütten, fahren auf Besuch, essen und trinken und schwatzen allerlei über die schönen, fetten Ochsen, die vielen Pferde, das Land, die Witterung oder über eine stattgefundene oder kommende Hochzeit ihrer jugendlichen Kinder (ist ein Mädchen 14, 15 Jahre, so ist die Mutter schon besorgt, es an den Mann zu bringen). Während der Unterhaltung, wird das Matetübchen herumgereicht (Matetübchen, eine kleine Tasse, ist gefüllt mit „Mate“, einer Art Tee, welcher in Brasilien wächst. Dieser Mate wird mit heißem Wasser gebrüht und durch ein Siebchen mit Saugrohr saugt man den bittern Saft heraus). Jedem Fremden wird zuerst das Matetübchen gereicht. Würde dies nicht geschehen, so wäre es eine Beleidigung für ihn. Diese Gastfreundschaft erinnert an die alten Germanen und den Met.
Fast jeden Sonntag fahren die Leute zur Kirche in der nächsten Ortschaft. Sie scheuen den langen Weg (30, 40, 50 km oder gar noch mehr) nicht. Sie sind also eifrige Katholiken und halten fest an ihrem Glauben; ja, sie bringen es bis zur Übertreibung. Sie opfern vieles ihrer Reichtümer der Kirche, wofür sie eine hohe Stelle im Himmel zu erhalten glauben. Aber auch opfern sie vieles den Wirtsleuten für Schnaps, Bittern, Branntwein etc. Diese Leute, von solcher großen Arbeitskraft,

könnten ein wohlhabendes Volk und dem Staate sehr nützlich sein, wenn sie nicht so vernarrt in ihrem Glauben wären. Was sie schaffen, was sie tun, geschieht zum größten Teil nur für die Kirche. Trotz all dieses Heiligtuns sind sie sehr roh und grob und bringen sie die unaussprechlichsten Flüche zur Welt. Diese Roh- und Grobheit stammt wohl von der großen Unwissenheit und vor allen Dingen von der schlechten Erziehung der Kinder her. Die Erziehung der Kinder bei einer besseren Familie, ist etwa folgende:
Ist ein kleines Kind unartig, eigensinnig etc. (einen Eigensinn haben die Kinder, wie ich denselben bei deutschen Kindern noch nie gesehen habe) und will die Mutter es strafen, so nimmt der Vater oder wohl auch das Dienstmädchen oder der Knecht das Kind in Schutz und hetzt es womöglich noch gegen die Mutter auf, mit den Worten: „Was will die Alt, schlag die Alt!“ etc. Umgekehrt ist´s, wenn der Vater strafen will. Wird ein Kind wirklich bestraft, so geschieht die Strafe durch Schlagen mit dem Pantoffel oder Schuh auf den Kopf oder im Rücken oder auch durch Fußtritte. Dazu schreit die Mutter Flüche und Verwünschungen aus: „Du ungeregeltes, du schlechtes, wenn du doch verrecken wolltest, wenn ich dich doch los wäre, wenn du doch im Himmel wärst. Kreuz Christi, das nichtswürdige. O du Mutter Herrgotts, ich könnte dich zerreißen usw.“
Es ist ja nicht zu bewundern, daß die Kinder bei einer solchen Erziehung widerspenstig werden und den Eltern den Gehorsam verweigern und dazu kommt noch der vernarrte Glauben. Z.B. der 12jährige Johannes erhielt von seiner Mutter den Auftrag, Stroh zum Heizen zu holen (ein Dienst, den ein deutsches Kind seinen Eltern zur Liebe gerne tut). Der Knabe aber führte diesen Auftrag, trotz aller Drohungen der Mutter, nicht aus. Als ich ihn nun fragte, „wie heißt das 4. Gebot und hast du es soeben gehalten“, gab er mir zur Antwort: „Das macht nichts, daß ich gesündigt habe, Sonntag gehe ich in die Kirche und beichte, dann ist mir alles vergeben“ – (Ein anderes interessantes Geschichtchen über den Katholizismus erfuhr ich von einem Knecht. Ich erkundigte mich nach seiner Religion und er erklärte mir u.a. die Beichte wie folgt: „Hat jemand etwas gestohlen und er geht in die Beichte, so muß er den Diebstahl bekennen, wenn die Beichte ‚gültig‘ sein soll. Ihm wird alsdann von dem Beichtvater Vergebung der Sünde erteilt, jedoch muß er das gestohlene dem Bestohlenen zurückgeben oder ersetzen. Ist der Bestohlene aber weit entfernt, so daß der Dieb ihm das Gut nicht wiedergeben kann, so muß er es der Kirche übergeben, oder eine entsprechende Summe Geld zahlen. Für dieses wird dann dem Geschädigten eine Erhöhung im Himmel zuteil.“ Das Ergebnis dieses Beispiels ist also, entweder wird der Dieb nicht richtig beichten, oder er stielt für die Kirche!) So ist das Leben der Deutsch-Russen. Wenn sie das Pachtland (meistens wird das Land auf 4 bis 5 Jahre gepachtet) ausgenutzt haben, geht´s mit Sack und Pack weiter.

Das Leben bei den Deutsch-Russen in Südamerika

Aus Lehm gebaut ist unsre´ Hütte,
von Wellblech das Dach.
Eine Tür ist in der Mitte,
zwei Fenster bringen uns den Tag.
Die Küche ist gleich die Stube,
drin Leben wir bei Tag und Nacht.
Die Speise ist nur einfach, jedoch kräftig,
Fleisch, Milch, Weizenbrot gibt es täglich;
Rinder, Hühner, Gänse, Enten gibt es gar viel
und bringen manchen Braten zier.
Die Betten sind nur Holzgestelle,
überspannt mit grauem Tuch;
drauf liegt ein Sack mit Stroh
und sind wir Abends froh,
uns hier zur Ruh zu strecken,
mit der Kleidung tun wir uns noch bedecken,
vor Kälte zu schützen mit grobgewobenen Decken.
So ist hier das Leben!
Den Tag verbringen wir mit Ruh!
Die Arbeit ist nicht übertrieben,
macht´s der heute nicht, so bleibt sie liegen,
morgen ist auch noch Zeit dazu.

Der Stärkere befreit und siegt

Ein Vöglein steigt fröhlich zwitschernd in die blaue Luft,
es will dem lieben Herrgott bringen seinen Morgengruß.
Da plötzlich wird sein munteres Trillern ein schrecklich Angstgeschrei;
ein Habicht streckt die Krallen, schon von Nahe kommt herbei.
Das Vöglein stürzt herunter, aus der blauen Luft,
es kann ein Mauseloch nicht finden, sonst hätt´ es sich verschlupft.
Da ist auch schon der Habicht unten, setzt die Krallen auf des Vögleins Kopf;
sicherlich wäre es verloren, wenn nicht ein junger Mann wär gesprungen kommen und dem Habicht hätte den Raub genommen.
Das Vöglein noch voll Schrecken, dacht´ es müßte verrecken unter des Habichts scharfen Krallen.
Doch als der junge Mann es nahm in seine zarte Hand, hätt´ es gewiß gedankt, wenn es könnte sprechen.

Das Vöglein wollt voller Freiheitslust gleich wieder steigen in die blaue Luft;
doch der junge Mann ließ es nicht gewähren, weil der Habicht es könnte dennoch verhähren.
Erst als er aus des Habichts Reich, sein Haus hatte erreicht,
ließ er das Vöglein fliegen, dieses tat noch niemals grüßen.
So wird wohl oft ein Schwacher von einem Starken bedrängt,
es kommt ein Stärkerer, so ist einstweilen der Streit zu End!
So ist wohl oft ein Dummer eines klugen Mannes Glück,
doch ein Verständiger hält ihn von seinem Tun zurück.
So treibt wohl oft ein Reicher, zu einer Pflicht,
doch wenn ein Reicher mehr Lohn verspricht,
so hält der Arme seine Treue nicht.

An den deutschen Jüngling

O, Deutschlands Sohn, da fern im Norden,
bleib´ im Lande ohne Sorgen!
Du bist geachtet in der ganzen Welt,
weil du der Kultur den besten Fortschritt hälst.
Du Deutschlands Sohn, dort fern im Norden,
bleib im Lande ohne Sorgen!
Doch damit du in der Kultur nicht stehen bleibst,
möcht´ ich dir raten:
Wenn du Zeit hast und Geld,
so reise durch die ganze Welt.

O, Deutschlands Sohn, dort fern im Norden,
bleib im Lande ohne Sorgen,
du stehst in dieser Zeit als größter in der Welt!

Jedoch, damit du nicht stehen bleibst
und du hast Geld und Zeit,
so fahre einmal in ein fremdes Land
und laß es dich nicht schämen
irgendeine Arbeit anzunehmen,
denn es gilt ja nur zu lernen
von dem Lande in der Ferne;
doch vergiß auch nicht hier,
daß im deutschen Volke war von alters her
der höchste Ruhm: „Getreu und wahr zu sein!“

Dies rat ich dir, du Deutschlands Sohn,
damit du an der Spitze bleibst, jederzeit
und denke dran, daß es am schönsten ist im Vaterland!
Und wenn du hast genug erfahren, so kehr´ zurück nach dem Norden
und erzähle deinen Brüdern von des fernen Landes Liedern,
und ernähre dich redlich dann in deinem Vaterland.

Der Jüngling und der Greis

Vor dem Fenster seiner Wohnung steht ein Jüngling stolz und kühn;
sinnend schaut er auf zum klaren Himmel, in dessen Bläue sich sein Aug vertieft.
Er denkt an seine Zukunft, malt Schlösser sich in die Luft:
„Wie werden meine Wege sich bahnen?“
Wie werd´ ich mein Glück finden?
Wo ist des unermeßlichen Weltraums Ziel?“
Dort drüben sitzt ein Greis am Fenster,
das graue Haupt in beiden Händen gestützt,
schaut er sinnend auf die Straße,
bald nach dem Jüngling schweift sein Blick.
Was wird der wohl denken,
fragt der Jüngling sich,
als er lange ihn betrachtet.
Der Jüngling sieht´s ihm an,
er sieht´s an dem ernsten Gesicht.
Er blickt nicht in seine Zukunft,
er baut nicht Luftschlösser sich.
Er schaut zurück in die vergangene Zeit!
„Was war das Leben?
Nur Kummer, Sorgen, Mühe und Arbeit
und schnell tat es vergehen.
O, Jüngling, wie du da steh´st,
so habe auch ich einst gestanden.
Was habe ich alles wollen!
Und was habe ich vollbracht.
Aber doch bin ich zufrieden jetzt,
meine Kinder die haben Brot und ich – ich erwarte den Tod
und hoffe auf das ewige Leben.

****

VERZEICHNIS ALLER NAMEN
